LÉON MOY

LES
Adorateurs
du Soleil
Juifs et Chrétiens

Étude philosophique populaire sur les Origines
du Judaïsme et du Christianisme

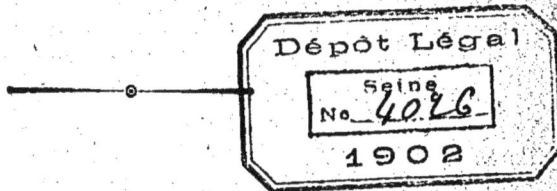

EN VENTE :

A la Librairie BUISSON

24, AVENUE DE LA RÉPUBLIQUE, 24

PARIS

—

1903

PRÉFACE

Les Adorateurs du Soleil !

Que signifie ce titre ? et qu'est-ce que cela peut bien nous apprendre d'intéressant ? Serait-ce l'histoire de quelque peuplade lointaine et plus ou moins sauvage ? Car qui n'a pas entendu dire que certaines tribus adoraient ou adorent même encore le Soleil ? Ma foi ! chers lecteurs ou lectrices, j'aime mieux vous avouer tout de suite que mon ouvrage n'est pas un roman d'aventures ou de voyages. Ce n'est même pas un pauvre petit roman d'amour. Je tiens à vous avertir qu'il vous faudra une certaine dose de bonne volonté pour le lire en entier....A moins que les questions qui y sont traitées ne vous intéressent et ne vous intriguent.

On se figure mal comme il est difficile de trouver un titre à un ouvrage qui n'est pas un roman ou une étude psychologique quelconque.

Après de pénibles efforts cérébraux, j'ai trouvé ce titre : « les Adorateurs du Soleil » et ce sous-titre : « Juifs et Chrétiens », et, content de moi, je me suis dit : En m'adressant aux juifs et aux chrétiens et du même coup aux religions dérivées du christianisme, c'est-à-dire à toutes les églises protestantes, orthodoxes, etc., j'arriverai peut-être à intéresser un peu tout le monde même et surtout les penseurs libres, c'est-à-dire ceux qui veulent bien faire usage de leur raison et non de celle de gens qui se sont chargés de penser pour eux.

Mais je ne vous ai toujours pas dit ce qu'étaient nos « Adorateurs du Soleil ». Eh bien, je ne veux pas vous faire trop languir, j'aime mieux vous dire tout de suite que ce sont tout simplement tous les croyants et pratiquants de presque tous les cultes, mais principalement des juifs et des chrétiens.

Oui, vous tous, croyants sincères, pratiquants convaincus, vous mêmes, non pratiquants, je dirais même non croyants, mais qui ne voudriez pas qu'on touchât à vos prêtres, à vos églises et à vos moines parce que, tout en ne suivant aucun de leurs conseils, aucune de leurs pratiques, vous croyez qu'il est nécessaire pour qu'il y ait une morale qu'il y ait des églises et des prêtres. C'est vous tous qui êtes les Adorateurs du Soleil. Le culte symbolique que vos prêtres rendent à l'agneau divin, au crucifié du Golgotha même au sacré viscère de Jésus, c'est au Dieu-Soleil qu'ils le rendent. Que leur Dieu s'appelle Mithra, Jéhovah, Vichnou, Bacchus, Hercule, Jupiter, Apollon ou Jésus, c'est toujours et toujours l'astre radieux de la lumière que les hommes adorent sous des noms différents; l'astre rayonnant qui distribue sur notre pauvre petite planète la lumière et la vie; l'astre dont l'éclipse apparente pendant les tristes mois d'hiver semble engourdir la nature d'un sommeil qui ressemble à la mort, pour, ensuite, au retour de la saison printanière, nous redonner l'illusion d'un retour à la lumière, à la vie, d'un réveil, d'une véritable résurrection!

Ah! certes, voilà qui est un peu nouveau! vouloir démontrer que Jésus est le Soleil et est adoré sous le nom de Christ par les chrétiens, voilà qui n'est pas banal!

Mais dans leur for intérieur tous les bons croyants et même beaucoup d'autres, penseront que l'auteur est quelque peu fou!..

Heureusement qu'il y a les livres saints : la Bible, les Evangiles qui viennent prouver, diront-ils, l'existence réelle de Jésus-Christ. Qu'il ait changé l'eau en vin, qu'il se soit élevé vivant au ciel après sa mort et sa résurrection..., on peut, à la rigueur..., en douter, quoique les livres saints le disent...; mais que Jésus et le Soleil... ne soient qu'un, ah! non, par exemple..., voilà une idée vraiment par trop baroque. Eh bien, au risque de contrister tous ces braves gens, je suis obligé de les contrarier dans leur façon de penser. S'il ne s'agissait que de ma façon de voir personnelle, cela n'aurait certes aucune importance ; mais vous devez penser, chers lecteurs et lectrices, que je n'ai pas le mérite d'avoir fait cette découverte. Les pages que vous allez lire, — si toutefois vous voulez bien vous en donner la peine, — sont le résumé simplifié d'œuvres considérables, au point de vue scientifique, élaborées par des savants illustres tels que : Dupuis, Volney, Dumarsais, Larroque, Voltaire, etc. Beaucoup de ces noms vous sont inconnus, j'en suis presque sûr. Dupuis? Volney? Qu'ont bien pu écrire ces gens là sur les rapports du christianisme avec le culte du soleil? Tout simplement des ouvrages colossaux qui sont des monuments d'érudition et de recherches savantes. Malheureusement, précisément en raison de leurs développements et des détails dans lesquels ils pénètrent, ces ouvrages sont ardus — disonsle franchement, fatigants à lire — ils ne peuvent s'adresser qu'à une élite spéciale de gens versés dans les études anciennes, c'està-dire à un nombre forcément restreint de lecteurs.

Frappé pourtant de la justesse, de la vérité des théories émises, j'ai essayé de résumer en quelques pages la pensée de ces grands savants; pour cela j'ai supprimé tous les détails techniques, toutes les explications par trop scientifiques, pour ne garder que la théorie dans ses grandes lignes.

Toutes les religions du globe sont basées sur le principe éternel de la succession des saisons, du passage de la saison froide à la saison chaude, de la lumière aux ténèbres, de la vie à la mort, c'est-à-dire du Bien au Mal.

Dès que l'humanité eut l'intelligence de constater les grands mouvements de la nature, qui sont la succession ininterrompue des saisons, elle eut créé elle-même ses divinités. En effet, il lui fut d'abord impossible de comprendre comment la même puissance pouvait créer deux effets absolument contraires, tels que le froid et le chaud, la vie et la mort, la lumière et les ténèbres, le bien et le mal; elle imagina donc deux divinités égales en puissance, se livrant un éternel combat et triomphant tour à tour l'une de l'autre. De là est parti le grand principe, base de toutes les religions.

Peut-on, en effet, trouver un culte qui ne représente la lutte du bien contre le mal et vice versa. Imaginez maintenant des détails particuliers à chaque culte et vous aurez les diverses religions existant de nos jours. Mais la suite des siècles a tellement déformé et transformé cette théorie primitive qu'on en perd complètement de vue le point de départ.

Il ne faut pas s'illusionner, toutes les religions ont été créées par l'homme dans le but d'abord, de conduire et de gouverner les masses ignorantes par la crainte des châtiments célestes ; puis, par la suite, l'abus du pouvoir des prêtres, les succès de leur domination les conduisit à exploiter à leur seul profit le troupeau des peuples abêtis maintenus bien intentionnellement dans une ignorance crasse. Les prêtres, quels qu'ils soient, se réservaient seuls le droit d'instruire et de diriger les rares privilégiés appelés à recevoir quelque peu d'instruction. La puissance du prêtre ne repose que sur l'ignorance des masses, Voltaire l'a dit :

Les prêtres ne sont pas ce qu'un vain peuple pense,
Notre crédulité fait toute leur science.

Rien de plus vrai n'a été dit. Plus le peuple est ignare, plus le clergé est influent.

Dans certaines régions, le prêtre est considéré comme un être supérieur détaché des biens de cette terre et à l'abri des faiblesses du commun des mortels. Pour l'ignorant, le prêtre est un savant « qui a étudié » et qui semble posséder en lui une parcelle, un reflet de la puissance divine.

Lorsque par la diffusion de l'instruction on aura bien fait comprendre aux hommes ce que sont non seulement les prêtres, mais leur œuvre — les religions — alors leur règne aura vécu et la morale ne disparaîtra pas de la surface terrestre, bien au contraire; mais au lieu d'être l'apanage d'une catégorie spéciale d'hommes voulant en faire leur chose, l'humanité comprendra que la Morale, la Charité, la Fraternité sont des principes immuables qui n'appartiennent pas plus à un culte qu'à un autre et qui n'ont rien à voir avec les momeries et le fétichisme des religions. Dira-t-on qu'il est moral qu'un être humain, homme ou femme, à peine développé physiquement prononce des vœux éternels de chasteté, alors qu'il ignore presque totalement quelle sera l'intensité de ses besoins physiques. Dira-t-on qu'il est moral qu'un homme, jeune et vigoureux, recueille, pour ainsi dire bouche contre bouche, l'aveu des plus secrètes pensées d'une jeune fille ou d'une jeune femme, dans l'intimité de la confession ? Disons-le hardiment, toutes ces coutumes, toutes ces simagrées sont souverainement immorales. Elles n'ont qu'une raison d'exister, l'habitude ; mais, comme je le disais plus haut, du jour où beaucoup comprendront l'inanité de ces préceptes, les religions auront vécu. Les hommes comprendront quelle était leur stupidité de s'entr'égorger pour des questions aussi futiles que les questions religieuses. Ayons confiance dans l'avenir. Le progrès marche lentement, il est vrai, mais il marche. De nos jours on ne trouverait plus de tribunal pour condamner au bûcher une pauvre fille coupable d'avoir délivré son pays de l'envahisseur. On ne trouverait plus de fanatiques pour égorger même des juifs, comme on en trouva pour consommer la Saint-Barthélemy, ou le massacre des Vaudois! — Il faut reculer jusqu'aux confins des pays encore abrutis de fanatisme religieux, comme la Turquie, par exemple, pour trouver de ces brutes sanguinaires qui égorgent si témérairement leurs malheureux frères d'un culte différent du leur. Seul le fanatisme peut enfanter de telles atrocités.

Les guerres les plus cruelles et les plus longues ont eu pour mobile les passions religieuses, l'Histoire Sainte n'est remplie que de récits de massacres, de noyades, de nations pillées ou détruites par le fer ou le feu, et tout cela par ordre ou par la volonté de Dieu.

Imaginez tous les fléaux que l'humanité a pu supporter depuis qu'elle est en état de se souvenir, vous n'en trouverez pas de plus terribles, au point de vue des ravages dans la vie humaine, que ceux causés par la folie religieuse.

Toutes les religions sont fondées dans le sang ; toutes respirent le sang. Toutes ne vécurent et ne se développèrent que dans des fleuves de sang ! Tous les martyrs, tous les supplices les plus effroyables et les plus raffinés sont l'invention de fanatiques à quelque culte qu'ils appartiennent. Moloch, Odin ou Jéhovah se valent. On peut dire hardiment que notre culte chrétien brille au premier rang des religions fondées dans le sang.

Il faut des victimes à tous ces dieux soi-disant d'humanité et de bonté.

Lorsque les moines de saint Dominique tenaillaient et brûlaient leur victimes, c'était un nom d'un dieu de justice et de bonté qu'ils agissaient ! O ironie, ô abêtissement des peuples apeurés !

Et qu'on ne vienne pas nous parler du bien qu'ont pu faire les religions, nous le demandons en toute sincérité à l'homme sensé. où est-il ? qu'on nous montre ce que l'humanité a gagné à la pratique des religions — précisons — à la pratique du christianisme, la plus raffinée de toutes les religions. Sans doute nous ne nierons pas qu'il n'y ait dans la morale évangélique quelques bons principes, mais combien d'autres mauvais ou impraticables, Et ces bons principes étaient-ils nouveaux ? Nullement. D'autres cultes, d'autres moralistes les avaient pratiqués ou enseignés bien avant la fondation du christianisme. Ils sont empruntés à Socrate ou à Confucius. Or, pour quelques bonnes maximes remises à neuf, quel mal ne voyons-nous pas ?

Quelles guerres atroces, quels massacres, quelles tortures infligées ou causées par le christianisme depuis ses martyrs jusqu'à ses victimes. Qui viendra parler de la nécessité des religions quand elles n'ont jamais produit que la haine et la division parmi les hommes. Non seulement il ne peuvent se supporter d'un

culte à un autre, mais n'avons-nous pas vu, ne voyons-nous pas
encore de formidables scissions dans un même culte ; les tragédies
sanglantes de l'Eglise reformée, précédées des atrocités de la
guerre de Cent ans, les haines entre juifs et catholiques, entre
chrétiens et mahométans, tout cela occasionné par les seules
religions !

Qu'après cela, si, en dévoilant l'origine, c'est-à-dire le néant de
ces deux cultes principaux, il se trouve des gens qui pensent que
nous commettons une mauvaise action, que nous voulons détruire
les bases fondamentales de notre société, libre à eux, nous ne
chercherons pas à convaincre ceux-là. La lumière n'est pas faite
pour les aveugles. Que ces braves soutiens de la société « honnête » retournent à leurs chers maîtres, ils en sont dignes.

Ce livre s'adresse aux esprits indépendants qui veulent se
donner la peine de faire usage de leur raison. Ceux qui s'en rapportent à d'autres pour penser et pour comprendre n'ont pas
besoin d'en feuilleter les pages.

Ceux-là se sont laissé dire qu'il ne peut exister de morale sans
religion et c'est tout le talent de leurs instructeurs d'avoir su
associer d'une façon apparemment indiscutable ces deux idées :
Religion et Morale.

A nous de démontrer la fausseté de ce fait, et pour cela commençons par montrer le néant des religions en en dévoilant les
origines.

Le reste viendra après.

Léon MOY.

Juillet 1902.

PREMIÈRE PARTIE

CHAPITRE PREMIER
Des Livres saints et de la Révélation

Avant d'entreprendre une étude sur les Livres anciens, il est indispensable de s'entendre sur leur valeur. Si l'on veut les admettre, *a priori*, comme révélés, c'est-à-dire dictés ou inspirés par Dieu lui-même, toute discussion devient inutile. Il est de toute évidence que le croyant qui réellement s'imagine que les Livres saints sont le reflet de la parole divine, ne voudra même pas entendre parler d'en discuter les textes. Celui-là a la foi : il est sourd et aveugle, il n'y a rien à faire. Mais pour l'homme de bon sens qui veut bien faire usage de sa raison, il est de toute évidence que la révélation est une double aberration. D'abord, parce qu'il est indubitable que Dieu n'a jamais dicté quoique ce soit aux hommes, ensuite parce que ce serait faire la plus grande injure à la Divinité considérée comme Intelligence suprême, que de la supposer capable d'avoir inspiré ou dicté des inepties comme en contiennent les « Ecritures ».

Croire que Dieu ordonna au prophète Ezéchiel de se coucher 390 jours sur le côté droit et 40 jours sur le côté gauche ; qu'il lui commanda de manger des excréments humains sur son pain, puis, pour varier, de terminer par de la fiente de bœuf (1) ; croire que Jonas passa 3 jours et 3 nuits en prières dans le ventre d'un cétacé, et qu'il fut déposé ensuite tranquillement sur le sec (2) ; que Josué arrêta le cours du soleil et de la lune pour permettre à son armée d'exterminer ses ennemis, etc., etc., je dis que croire à de pareilles inepties, et les prendre pour le résultat de l'inspiration divine, est indigne de toute intelligence humaine. Nous laisserons ces croyances aux sots ignorants et nous nous adresserons à l'homme libre et sensé qui, faisant usage de sa raison, cherche à s'instruire et à s'éclairer.

Volney, qui s'est livré au sujet des livres saints à des recherches aussi savantes que consciencieuses, arrive dans ses

---

(1) Ezéchiel, ch. iv, v. 12 et 15.
(2) Jonas, ch. ii, v. 1 et 2.

Recherches nouvelles sur l'histoire ancienne à cette conclusion :

1° Que le *Pentateuque*, c'est-à-dire les cinq livres révélés à Moïse, tel qu'il est entre nos mains, ne saurait être l'ouvrage immédiat ni la composition autographe de Moïse.

2° Que le livre soi-disant trouvé par le grand-prêtre Helquiah l'an 18 du roi Josiah, est réellement notre *Pentateuque* actuel.

3° Que la partie de ce livre lue devant Josiah se rapporte aux chapitres XXVII et XXVIII du *Deutéronome*.

4° Que le grand-prêtre Helquiah qui dit avoir trouvé ce livre et qui l'a possédé seul et sans témoins, qui en a été le maître absolu et sans contrôle, est fortement prévenu par toutes les circonstances du fait, d'en être l'auteur et de l'être en ce sens qu'il a recueilli et rassemblé des matériaux dont quelques-uns paraissent venir directement de Moïse, mais qu'il les a fondus, rédigés et mis dans l'ordre qui lui a convenu et que nous voyons aujourd'hui.

Si l'on considère que Josiah vécut environ 600 ans avant l'ère chrétienne, on juge du laps du temps qui dut s'écouler entre l'époque où le livre fut réellement écrit et celle des faits qu'il prétend nous narrer.

Dumarsais, dans son *Analyse de la Religion chrétienne*, déclare nettement qu'il est démontré que le *Pentateuque* n'est pas de Moïse, il en donne les raisons suivantes : 1° on y trouve la fin de sa vie et ce qui arrive en Israël après sa mort ; il est toujours parlé de Moïse à la troisième personne, son éloge s'y trouve en plusieurs endroits ; 3° il est dit dans la *Genèse* (ch. XXXVI, v. 31) : « Ce sont ici les rois qui ont régné en Edom avant qu'aucun roi régnât sur les enfants d'Israël. » La brièveté que je me suis imposée m'empêche d'apporter un plus grand nombre de preuves qui font voir que cet ouvrage est de beaucoup postérieur au temps de Moïse. Si on veut un détail plus circonstancié, on n'a qu'à parcourir les traités des cérémonies superstitieuses des juifs, on y trouvera amplement de quoi se satisfaire.

Mais il y a mieux encore. L'existence de Moïse lui-même est des plus problématiques.

« Il n'est pas vraisemblable, dit Voltaire, qu'un homme eût pu faire tant de miracles épouvantables en Egypte, en Arabie, en Syrie, sans qu'il s'en suivît un grand retentissement dans tous ces pays. Il n'est pas vraisemblable qu'aucun écrivain égyptien ou grec n'eût transmis ces miracles à la postérité. Il n'en est cependant fait mention que par les seuls juifs et dans quelque temps que cette histoire ait été écrite par eux, elle n'a été connue d'aucune nation que vers le IIᵉ siècle. Le premier auteur qui cite expressément les livres de Moïse est Longin, ministre de la reine Zénobie, du temps de l'empereur Aurélien. Or, Longin fut mis à mort en l'an 273!

De ces faits, il résulte donc :

1° Que l'histoire de l'origine du monde n'a pas été écrite par Moïse.

2° Que l'existence de ce prophète est plus que douteuse et que les faits fantastiques et invraisemblables mentionnés dans la *Genèse* en particulier ont été écrits plusieurs siècles *après* la mort de leur auteur supposé et cela par des Orientaux épris de magie et de merveilleux, qui s'inspiraient des cosmogonies alors en faveur et particulièrement de celle des Perses ou culte Mithriaque.

Nous voilà donc à peu près fixés sur la valeur des livres qui vont servir de base à nos recherches. De révélation, il ne saurait en être question. Contentons-nous de considérer ces ouvrages comme le travail d'esprits peu scrupuleux, n'ayant pas pris la peine, dans maintes circonstances, de dissimuler la source où ils puisaient leurs « révélations ».

CHAPITRE II

Du Sens allégorique

L'allégorie est aussi ancienne que le monde. L'Orient, qui est la terre classique du despotisme, est par là même celle de l'allégorie. Ce n'est pas à la cour des despotes que la vérité peut se montrer toute nue. Les masses profondément ignorantes, qui ne comprendraient rien à la réalité, s'enthousiasment à un fait présenté allégoriquement. Ces vérités ont été merveilleusement comprises des premiers éducateurs des foules et les premiers astronomes qui comprirent les mouvements de quelques astres ne songèrent pas un instant à faire comprendre leurs découvertes dans leur sublime simplicité. Ils humanisèrent les astres, leur créèrent des existences factices. Ils les firent naître, mourir, se multiplier, se combattre même. Alors les hommes, qui retrouvèrent dans ces histoires les images de leur propre existence, ne doutèrent pas un seul instant et crurent.

L'allégorie est un besoin de l'humanité et, quoique la diffusion de l'instruction l'ait délogée de beaucoup d'endroits, elle règne encore, et de nos jours, jusque dans notre conversation quotidienne. Nos proverbes ne sont-ils pas des allégories à tout instant évoquées. Dire que l'on met de l'eau dans son vin..., que ventre affamé n'a pas d'oreilles..., que quelqu'un pêche en eau trouble..., sont de purs allégories. Mais, disons-le bien haut, de tous les peuples de l'antiquité, les Orientaux furent incontestablement les maîtres de l'allégorie.

Les Hébreux, peuple voisin de la Phénicie et de la Syrie, étaient, comme ces peuples, épris de merveilleux. Sanchoniaton qui passe pour avoir été contemporain de Moïse, avait écrit sur la cosmogonie et sur les premiers principes des choses, sur le temps, sur le ciel et sur la terre, mais toujours dans un sens purement allégorique. Les docteurs hébreux eux-mêmes, ainsi que plusieurs docteurs chrétiens, conviennent que les livres attribués à Moïse sont écrits dans le sens allégorique, qu'ils renferment un sens tout autre que celui que la lettre présente et que l'on prendrait des idées fausses et absurdes de la divinité si l'on s'arrêtait à l'écorce. C'est surtout dans le 1er chapitre de la *Genèse* et dans la fable d'Adam et d'Eve qu'ils ont reconnu un sens caché et allégorique, dont on devait bien se garder de donner la clé au vulgaire. Voici ce que dit à cet égard Maimonide, le plus savant des rabbins : « On ne doit pas entendre ni prendre à la lettre ce qui est écrit dans le livre de la création, ni en avoir les idées qu'en a le commun des hommes, autrement nos anciens sages n'auraient pas recommandé avec tant de soin d'en cacher le sens et de ne point lever le voile allégorique qui cache les vérités qu'il contient. Pris à la lettre, cet ouvrage donne les idées les plus absurdes et les plus extravagantes de la Divinité. Quiconque en devinera le vrai sens doit se garder de le divulguer. C'est une maxime que nous répètent tous nos sages, et surtout pour l'intelligence de l'œuvre des six jours. Il est difficile d'admettre que par soi-même, ou à l'aide des lumières d'autrui, quelqu'un ne vienne à bout d'en deviner le sens; alors il doit se taire, ou, s'il parle, il ne doit parler qu'obscurément et d'une manière énigmatique, comme je fais moi-même, laissant le reste à deviner à ceux qui peuvent m'entendre. » Maimonide n'est pas le seul qui ait cru que les livres de Moïse renfermaient un sens caché et qu'on devait chercher l'allégorie. Philon, écrivain juif, pensait de même et la plupart de ses traités n'ont d'autre but que de rappeler tous les livres sacrés à l'allégorie. Il a fait deux traités, en particulier, intitulés : *Des Allégories*, dans lesquels il rappelle à l'allégorie l'arbre de la vie, les fleuves du Paradis et les autres fictions de la *Genèse*. Il s'est trompé en ce sens qu'il a rapporté à la morale des allégories qui devaient se rapporter à la nature. Quoi qu'il en soit, il est bien certain qu'il a senti qu'on ne devait pas prendre ses récits à la lettre ; il savait par tradition que les juifs les plus instruits croyaient qu'il y avait un autre sens que celui qui se présente naturellement. « C'est une chose avouée de tous ceux qui connaissent un peu les Écritures — dit Origène — que tout y est enveloppé sous le voile de l'énigme et de la parabole. » Cet écrivain et tous ses sectateurs regardaient en particulier comme une allégorie toute l'histoire d'Adam et d'Eve et du Paradis terrestre, ainsi qu'on peut le voir dans *Cédrenus*. Dès ce temps-là, les gens instruits sentaient donc combien il était nécessaire d'avoir recours à l'allégorie pour sauver les absurdités des dogmes secrets de l'initiation.

Saint Augustin, dans sa *Cité de Dieu*, convient que bien des gens regardaient l'aventure d'Eve et du Serpent, ainsi que le Paradis terrestre, comme une fiction et une allégorie. Ce docteur chrétien ayant rapporté plusieurs explications morales que l'on donnait de ces allégories et dont aucune ne nous paraît bonne, ajoute qu'on pourrait en trouver de meilleures encore, qu'il ne s'y oppose pas, pourvu toutefois, dit-il, qu'on y voie aussi une histoire réelle. Je ne sais comment saint Augustin peut concilier une allégorie avec une histoire réelle. Comme il voulait que la réparation du mal par le Christ fut un fait historique, il fallait bien que la faute d'Adam et d'Eve et la séduction du serpent fussent aussi un fait historique. Mais, d'un autre côté, l'invraisemblance de cette histoire lui arrachait un aveu précieux, celui du besoin de recourir à l'allégorie pour la ramener au bon sens et y trouver quelques traces de sagesse. On peut même dire avec Beausobre que saint Augustin abandonne en quelque sorte Moïse et le Vieux-Testament aux Manichéens qui s'inscrivaient en faux contre les trois premiers chapitres de la *Genèse*, et il avoue qu'il n'y a pas moyen de conserver le sens littéral de ces trois chapitres sans blesser la piété, sans attribuer à Dieu des choses indignes de lui et qu'il faut absolument, pour sauver Moïse et son histoire, y voir une allégorie. (Saint Augustin, *Contr. Manich.*, l. II, v. 2.) Nous pourrions rapporter une foule d'autres autorités nous conduisant à chercher dans ces livres un sens allégorique qui fasse évanouir les absurdités apparentes qu'ils contiennent. Mais il nous suffit de celles que nous venons de citer pour prouver que notre marche nous est déjà tracée par l'avis des docteurs les plus instruits et que l'interprétation allégorique n'est pas une idée neuve, mais qu'elle est aussi ancienne que nécessaire.

Parmi les différentes espèces d'allégories qu'on a cru y voir, nous nous attacherons au système des *Thérapeutes* comme au plus simple et au plus naturel, et nous verrons dans la *Genèse* ce qu'on doit voir dans une cosmogonie : le tableau mystérieux de la Nature.

Comme les docteurs juifs fidèles à la loi du secret recommandé par leurs rabbins et leurs plus anciens sages ne nous ont pas laissé échapper assez de lumière pour que nous puissions pénétrer le sens des énigmes sacrées contenues dans leurs livres, nous chercherons dans le code religieux de leurs voisins, dans les sources mêmes de leur doctrine et dans les ouvrages originaux la lumière qu'ils nous refusent et qu'aujourd'hui ils seraient fort embarrassés, peut-être, de nous donner. C'est dans la Perse et dans les livres de Zoroastre que nous trouverons la clef des allégories sacrées des Hébreux.

Le législateur des Perses comme celui des juifs place l'homme dans un jardin de délices et y fait introduire le mal par un serpent, en sorte que ces deux cosmogonies, aux termes près, n'en font qu'une, mais celle des Perses comme originale est plus claire et nous donne le mot de l'énigme qui a été supprimé dans la seconde.

Nous allons l'étudier en détail dans le chapitre suivant.

CHAPITRE III

Le bon et le mauvais principe

INTRODUCTION DU MAL DANS LA NATURE

L'explication de la succession de l'hiver, saison triste et froide, où la nature semble s'être engourdie et avoir perdu toute sa force vitale, à l'été, saison de renaissance et de vie où, au contraire, animaux et végétaux remplis d'une vigueur nouvelle croissent et se multiplient à l'envi, a toujours présenté aux anciens une réelle difficulté.

L'été, la chaleur, la vie, voilà le bon principe : le Bien.

L'hiver, le froid, la mort, voilà le mauvais principe: le Mal.

Il était difficile d'expliquer par une seule volonté ces deux forces qui, opposées en apparence, semblent toujours marcher ensemble et se mêler l'une à l'autre. Ne concevant pas comment un principe *bon* par essence, pouvait produire le *Mal*, ni un principe *mauvais* pouvait produire le *Bien*, les anciens imaginèrent deux principes, l'un souverainement bon, auteur du Bien, l'autre souverainement mauvais, auteur du Mal, toujours se contrariant, toujours en opposition entre eux et se partageant également l'empire de l'univers, dans lequel le bien et le mal semblent se mêler à dose égale. Ils les comparèrent à la lumière et aux ténèbres qui, opposées dans leur nature et dans leur marche, semblent alternativement exercer leur empire sur l'univers. La lumière bienfaisante du soleil était une émanation du premier principe, qui lui-même habitait au sein de la substance lumineuse. Les ténèbres de la nuit et de l'hiver étaient, au contraire, l'ouvrage du second, qui habitait dans les abîmes de l'obscurité éternelle et était enchaîné au sein de la matière, tandis que l'autre brillait aux cieux et formait de sa pure substance le monde de l'intelligence. Cette doctrine des deux principes des anges de lumière et des anges de ténèbres, de Dieu et du Diable, se retrouve dans toutes les théologies et doit sa naissance à deux des tableaux les plus contrastants de la nature, la lumière et les ténèbres, et à la difficulté qu'ont toujours trouvé les hommes à faire sortir d'une même source le bien et le mal. La différence qui se trouve entre l'opinion des chrétiens et celle des autres peuples, c'est que les docteurs de la religion du Christ ont subordonné le principe ténèbres au principe lumière, tandis que d'autres sectes, telles que celle des Manichéens, les ont, ainsi que les Perses, faits co-éternels et d'une puissance égale. C'est une nuance de métaphysique qui n'empêche pas qu'on reconnaisse chez tous les peuples une doctrine commune, fondée sur le même principe, et qui sert elle-même de fondement à toutes les religions.

Plutarque dit que cette opinion était consacrée par les traditions les plus anciennes du genre humain, par les mystères et les sacrifices dans la religion de tous les peuples grecs et barbares, et surtout chez ceux qui ont eu une plus grande réputation de sagesse. Ils ajoutent qu'ils donnent le titre de Dieu par excellence au premier, et au second celui de démon. C'est précisément les dénominations que les juifs et les chrétiens donnent aux deux principes opposés qui agissent dans la *Genèse*, car le Créateur ou le Démiourgos qui produit la lumière est ce qu'on appelle Dieu par excellence, et le serpent séducteur est le démon peint sous cet emblème mystérieux.

Les Perses, continue Plutarque, nommèrent le premier Oromaze et le second Ahriman. C'est effectivement sous ces noms qu'ils figurent dans la cosmogonie des Perses que nous expliquons et dont celle des Hébreux n'est qu'une copie. Les Egyptiens appelèrent le premier Osiris et le second Tiphon. Les Chaldéens avaient enfin conservé le dogme des deux principes dans leur système astrologique où ils admettaient des astres bons et des astres mauvais. Cette observation est importante à retenir, nous verrons bientôt les astres ou les signes et les constellations servir à marquer les époques du bien et du mal de la nature dans la cosmogonie de la Perse et dans celle des Toscans et des Hébreux : en sorte que déjà nous trouvons dans ces mots de Plutarque sur le système religieux des Chaldéens une indication de la route qu'il nous faudra suivre.

Voilà donc nos deux principes du bien et du mal nettement définis. Nous allons maintenant les voir aux prises avec l'homme.

Nous disions au chapitre précédent que le législateur des Perses place l'homme dans un jardin de délices et y fait introduire le mal par un serpent. Nous allons entrer dans quelques détails et le lecteur véritablement impartial jugera ensuite s'il est possible de ne pas reconnaître dans cette cosmogonie toute la fable d'Adam et d'Eve, du Paradis terrestre, du serpent tentateur, soi-disant révélée par Dieu au législateur hébreu. Quelle singulière coïncidence ! il se trouve que le Dieu de Moïse lui révèle une origine du monde et de l'humanité qui, à quelques variantes près, se trouve être précisément la même que celle des anciens Perses et des Assyriens, peuples existant en tant que nations à une époque bien antérieure à celle des Hébreux ! Curieux hasard ! il se trouve que les Assyriens, auxquels les juifs furent longtemps soumis, avaient fondé leur religion, comme les Perses, sur la théorie des deux principes. Il n'est donc pas étonnant que nous retrouvions chez les juifs les mêmes dogmes que l'on professait en Assyrie, en Egypte ou en Perse, car, encore une fois, comme il n'y a jamais eu rien de révélé à l'homme, il faut que toute cosmogonie porte l'empreinte de la conception humaine, et quand on trouve un ouvrage de science chez un peuple ignorant et grossier comme étaient les juifs, c'est naturellement chez les nations savantes avec lesquelles il a été en rapports qu'il faut en chercher l'origine.

Tout le secret de la Révélation est là.

Quoiqu'il en soit, voici d'après le Zend-Avesta l'histoire de l'introduction du mal dans la nature :

Ormusd, le dieu Lumière, le bon principe, dit à Zoroastre qu'il a donné à l'homme un lieu de délices et d'abondance. « Si je n'avais pas donné ce lieu de délices, aucun Être ne l'aurait donné. Ce lieu est Eiren-Vedjo qui *au commencement* était plus beau que le monde entier qui existe par ma puissance. Rien n'égalait la beauté de ce lieu de délices que j'avais donné. J'ai agi le premier (Ormusd ou le bon principe) et ensuite Petiaré (le mauvais principe). Ce Petiaré Ahriman, plein de mort, fit *dans le fleuve la grande couleuvre, mère de l'Hiver,* donné par le Dew (ou mauvais principe). L'Hiver répandit le froid dans l'eau, dans la terre, dans les arbres. L'Hiver fut extrêmement rude vers le milieu. Ce n'est qu'après que l'hiver a paru que les biens renaissent en abondance. »

On remarquera que les mots « au commencement » ont été consacrés par la *Genèse.* Il est bien évident que Zoroastre ne les emploie qu'afin de faire bien comprendre que le bon principe agit toujours le premier et que le principe du mal n'agit qu'après lui.

Il résulte donc, des termes mêmes de cette cosmogonie de Zoroastre, que le mal introduit dans le monde par le serpent, n'est autre chose que l'hiver considéré comme l'ouvrage du principe du mal et des ténèbres et que ce tableau n'est absolument que celui des simples phénomènes annuels de la Nature.

L'auteur de la *Genèse* des Perses place ce jardin délicieux dans l'Iran, pays véritablement délicieux : il l'appelle Eren, nom que les docteurs Hébreux ont corrompu en Éden, avec d'autant plus de facilité que le D et le R sont en hébreu deux caractères alphabétiques presque entièrement semblables et qu'il faut une grande attention pour ne pas les confondre. Voilà donc le Paradis terrestre des Hébreux retrouvé dans la cosmogonie des Perses. Non seulement la description du lieu s'y trouve, mais nous y trouvons même le nom d'Eden, dont nous montrons clairement l'étymologie. Veut-on une autre preuve de similitude : la *Genèse* nous dit que de l'Eden sortait un fleuve se divisant en 4 branches. Outre cette ressemblance entre les jardins délicieux de l'Iran ou d'Eden dans lesquels la cosmogonie de Zoroastre place l'homme, avec les jardins d'Eden où le place la cosmogonie des Hébreux, il en est encore une autre, c'est que de l'Iran et des pays voisins coulent les fleuves nommés dans le Pa-

radis des livres hébreux. Le lieu de la scène est le même,
c'est-à-dire près du pays des anciens Iléri, d'où cette cosmogonie semble venir, et près des sources du Phase, du
Tigre et de l'Euphrate. Le Phase y est désigné sous le nom
de Phison, fleuve qui roule l'or dans ses sables, or tout le
monde sait que les anciens ont attribué cette qualité au
Phase. On voit dans Strabon que les peuples d'Ibérie sont
occupés à recueillir avec des toisons de moutons les pail-
lettes d'or que ce fleuve charrie dans ses eaux.

Quant au Tigre et à l'Euphrate, personne n'ignore qu'ils
ont leur source dans les montagnes de l'Arménie, près des
lieux où nous plaçons le berceau de ces cosmogonies, c'est-à-
dire qu'ils coulent dans les vastes pays qui s'étendent depuis
la mer Noire, la mer Caspienne et les portes du Caucase
jusqu'au golfe Persique, lesquelles comprennent les deux
Arménies, la Mésopotamie, l'Assyrie, la Babylonie, les
confins de la Médie et de la Perse, pays où étaient autrefois
les grands empires des Assyriens, des Perses et des Ninivites.

Il ne reste donc plus qu'à placer le Géon. Peut-être est-ce
le Cyrus ou l'Araxe et que de nouvelles recherches sur la
géographie ancienne pourraient le faire reconnaître dans
quelqu'un de ces fleuves coulant en Arménie et dans les pays
voisins. Quoi qu'il en soit, nous en trouvons trois qui fixent
incontestablement le lieu de la scène où la Divinité place
l'homme; mais il y a plus encore, le dogme des deux principes de la cosmogonie de Zoroastre se retrouve tout entier
dans celle des juifs. En effet, Dieu, d'après la *Genèse*, père
de la Lumière qu'il fait tout à coup briller au milieu des ténèbres du chaos, n'est-il pas lui-même Ormusd ou le bon
principe, plaçant l'homme dans un jardin de délices jusqu'à
ce que le Diable, prince des Ténèbres, ou mauvais principe
(Ahriman) ne vienne sous la forme du Serpent séduire la
femme en lui faisant goûter les fruits de l'arbre des deux
principes.

Maintenant déterminons la nature de l'Arbre de vie ou de
la science du bien et du mal. Ceci est une allégorie fort ingénieuse sur le temps considéré comme principe de l'existence de tous les êtres et désigné énigmatiquement par un
arbre appelé Arbre de vie. Quand on le considère dans le
monde de lumière, dans le jardin céleste dont l'Agneau ouvre la porte, on l'appelle simplement arbre de vie et c'est
alors le temps éternellement heureux. C'est ainsi qu'il est
représenté dans la Nouvelle Jérusalem dont la première
porte est celle de l'Agneau. Du trône de l'Agneau coule un

grand fleuve, c'est le Zodiaque, dans lequel circule le temps, sur ses bords est planté l'Arbre de vie qui porte 12 fruits et donne son fruit chaque mois, les feuilles de cet arbre sont pour guérir les nations. Alors il n'y a plus de malédiction, mais le trône de Dieu et de l'Agneau y sera. Tel deviendra l'état de la nature et de l'homme, lorsque l'Agneau réparateur aura renouvelé la face du monde et que l'âme de l'Initié, élevée par les rayons du soleil de printemps, sera parvenue jusqu'au séjour d'Ormusd ou dans le sanctuaire du Dieu aux sept rayons dont parle l'empereur Julien.

Il n'en est pas de même sur la terre, l'Arbre de vie, celui qui n'est pas planté dans le ciel, près de la porte de l'Agneau, mais qui est ici-bas dans le lieu où l'homme éprouve le mélange du bien et du mal, où l'arbre symbolique du temps porte des fruits qui donnent la connaissance du bien et du mal, en partageant sa durée, comme dans l'œuf de Zoroastre, en douze préfectures, dont six appartiennent à Ormusd, principe de bien et de lumière, et six autres à Ahriman, principe du mal et des ténèbres. C'est encore la même idée qu'Homère a rendue par les deux tonneaux de Jupiter, dont l'un verse le bien et l'autre le mal.

L'auteur de la *Genèse* a pris l'idée symbolique d'un arbre dont le fruit fait connaître à l'homme le bien et le mal. Dans la cosmogonie de Mithra il y a deux arbres : l'un, qui commence à végéter, est placé près du signe du Printemps et on y a attaché le flambeau allumé ; l'autre, qui porte les fruits de l'automne, est au contraire près du Scorpion qui ramène le mal physique et qui détruit l'action féconde du Taureau. La fiction de l'Arbre de la science du bien et du mal est du même genre et sert à rendre la même opinion cosmogonique. Comme celui de l'*Apocalypse*, il est chargé de 12 fruits, nombre égal aux 12 divisions, aux 12 signes, aux 12 mois de la révolution annuelle pendant lesquels l'homme subit alternativement les périodes de bien et de mal, de lumière et de ténèbres, de chaud et de froid. On remarquera que ce nombre 12 n'est point arbitraire et qu'il est donné par la division du ciel et du temps. Aussi a-t-il été conservé précieusement par toutes les cosmogonies et particulièrement par l'*Apocalypse*. La *Genèse* semble, il est vrai, n'en point faire mention, mais saint Epiphane nous a conservé un passage d'un livre intitulé l'*Evangile d'Eve*, où l'on donne à cet arbre 12 fruits par chaque année, expression mystique et sacrée que les Gnostiques avaient conservée.

Quand à l'Arbre de vie, proprement dit, celui qui avait le pouvoir de rendre éternellement heureux, l'*Apocalypse* le place près du trône de l'Agneau, c'est-à-dire près du signe équinoxial sous lequel le soleil devait réparer la Nature et rétablir le monde de lumière. C'était là qu'était la véritable porte du Paradis, celle à laquelle l'homme devait retourner pour recouvrer sa première félicité dont le serpent l'avait fait déchoir. C'est à cette porte que Dieu plaça un génie ailé armé d'une épée (la *Genèse* l'appelle Chérub). Il y est en sentinelle pour défendre l'entrée. Ne retrouvons-nous pas le chérubin armé d'une épée flamboyante qui garde l'entrée du Paradis après qu'Adam en a été chassé par Dieu ?

Dans les allégories des Perses, ce génie s'appelle Persée. Il est représenté tenant un grand glaive. On l'appelle aussi Chélub, nom, approchant du Chérub de la *Genèse*. Suivant les Arabes ce nom signifie chien et gardien. La sphère persique en fait mention parmi les signes qui se lèvent avec les pléiades vers les extrémités du Bélier et le commencement du Taureau. Il est désigné par ces mots : « Ici est un brave armé d'une épée. »

Mais pour rendre plus sensible la théorie que nous développons sur le mouvement de tous ces êtres astrologiques, il est indispensable que nous donnions quelques explications sur le zodiaque et les signes qui le composent, c'est ce qui fera l'objet du chapitre suivant.

CHAPITRE IV

Le Zodiaque

D'après les explications qui précèdent, il est clair que les fables cosmogoniques des juifs et des chrétiens reposent sur les grands mouvements de la Nature, qu'ils soient ceux des astres, planètes ou étoiles, ou simplement ceux de la terre, comme la succession des saisons, le jour et la nuit, etc. Le mouvement apparent des étoiles ou des planètes a amené l'homme à créer une division du temps basée sur la révolution de notre planète autour du soleil. Chacun sait que la terre, en dehors de son mouvement de rotation sur elle-même, a un mouvement de translation autour du soleil qui, en 365 jours ou 12 mois, la ramène à son point de départ. Or, par suite d'une illusion d'optique, il nous semble que le soleil se meut autour de nous en suivant une route régulière à travers les étoiles. Cette route, c'est le zodiaque. C'est une bande imaginaire de la voûte céleste, coupée en deux dans sa longueur par l'écliptique et dont ne sortent pas les planètes, Cette route a été divisée en 12 parties dont chacune est parcourue en un mois par le soleil. Dans chaque partie, les étoiles s'y trouvant sont groupées en amas portant un nom spécial. Ce sont les constellations zodiacales. Elles s'appellent respectivement : le Bélier, le Taureau, les Gémaux, le Cancer, le Lion, la Vierge, la Balance, le Scorpion, le Sagittaire, le Capricorne, le Verseau et les Poissons.

Nous avons dit que le zodiaque était divisé en 12 parties égales, chacune d'elles se divise en 30 degrés, le zodiaque a une largeur d'environ 18 degrés. Le soleil semble donc se mouvoir dans cette bande dont il occupe exactement la ligne médiane. Cette ligne s'appelle l'écliptique parce qu'il faut que la lune se trouve sur cette ligne pour qu'il y ait une éclipse.

Par ces brèves explications, nous pensons avoir suffisamment éclairé le lecteur pour qu'il connaisse le cadre dans lequel nous allons voir s'agiter les principaux personnages. A ce propos, que l'on nous pardonne une sorte de comparaison, peut-être un peu triviale pour le sujet qui nous occupe, mais qui nous paraît dépeindre assez exactement la situation. Nous allons assister à une sorte de grande représentation. Le zodiaque sera le cadre ou la scène : les planètes et les étoiles ornées de noms empruntés aux dieux de l'antiquité en seront les acteurs. La pièce consistera dans les mouvements de déplacement que vont accomplir tous ces personnages. Le spectateur sera l'humanité d'alors dont l'esprit ardent et imaginatif se plaisait à idéaliser les phénomènes de la nature et surtout à les expliquer sous les formes voilées de l'allégorie.

Disons maintenant que les six premiers signes du zodiaque, c'est-à-dire : le Bélier, le Taureau, les Gémaux, le Cancer, le Lion, la Vierge, représentaient le règne d'Ormusd, Dieu-Lumière et bon principe, tandis que les six derniers signes : la Balance, le Scorpion, le Sagittaire, le Capricorne, le Verseau et les Poissons étaient attribués à Ahriman, dieu des ténèbres ou mauvais principe.

Mais avant de pousser plus loin notre étude comparative, résumons les faits dont nous avons passé déjà la revue. Au chapitre Ier, nous avons pesé la valeur des livres saints dits révélés, sur lesquels se base toute la religion chrétienne. Nous avons pesé la valeur d'authenticité, tant au point de vue matériel qu'au point de vue possibilité, qu'on pouvait leur attribuer. Nous avons vu qu'il n'était rien moins que certain que le *Pentateuque* fût de Moïse, et tout le doute qui planait sur l'existence même de ce personnage fantastique qui raconte lui-même sa mort. Nous avons prouvé qu'il n'était pas possible de prendre à la lettre le texte des livres saints et nous avons montré que, de l'avis même des plus grands rabbins ou docteurs juifs, on ne devait y trouver qu'un sens purement allégorique. Au chapitre III, nous avons dévoilé les savantes allégories des deux grands principes du Bien et du Mal constamment en lutte et triomphant l'un de l'autre tour à tour. Nous avons vu que tout cela n'était que fiction et images destinées à expliquer la succession régulière de la saison froide à la saison chaude, de l'hiver à l'été. Nous nous sommes arrêtés au moment où Ahriman, dieu des ténèbres et du mal, venait de triompher d'Ormusd, dieu de lumière et du bien. Cette fiction est présentée dans les livres juifs sous la forme de la fable de l'homme qui, s'étant laissé tenter par la femme, séduite elle-même par l'esprit du mal, voit sa vie de félicité éternelle détruite, est chassé du Paradis terrestre où Dieu l'avait mis et commence une vie de travail et de souffrance.

Voilà donc bien établi le triomphe du mal sur le bien. Au chapitre IV, dans une rapide étude, nous avons expliqué le zodiaque qui est pour ainsi dire la scène où va se passer le drame dont nous allons présenter les différents actes. Mais pour bien concevoir l'explication des mystères de la religion des juifs et celle des chrétiens, il est indispensable d'expliquer d'une façon aussi claire que possible les allégories sacrées de la religion de Zoroastre ou culte de Mithra, de laquelle est tirée toute la cosmogonie judaïque. Les idées théologiques des chrétiens sont essentiellement liées à celles des juifs, et toute la religion chrétienne est appuyée sur l'allégorie du second chapitre de la *Genèse*. En effet, l'incarnation du Christ n'est devenue nécessaire qu'afin de réparer le mal introduit dans l'univers par le serpent qui séduisit la première femme et le premier homme.

L'existence de Jésus-Christ réparateur, ne peut être admise comme fait historique qu'autant que la conversation du serpent avec la femme et l'introduction du mal qui en fut la suite, sera un fait réel et historique. Si, au contraire, cette aventure prétendue n'est qu'une allégorie, la Réparation du Christ et sa mission ne peuvent être une réalité.

On pourra discuter autant que l'on voudra, on ne pourra séparer ces deux idées l'une de l'autre. La nature de la première aventure détermine *nécessairement* celle de la seconde.

Point de péché, point de réparation : point de coupable, point de réparateur. Mais si la première aventure est réelle sous un certain rapport, la seconde le sera sous ce même rapport. Il ne s'agit donc plus que d'examiner si on doit y voir un fait *historique* ou un fait *cosmique* présenté sous le voile de l'allégorie. Je ne saurais trop prier le lecteur de bien peser l'importance de ces lignes. Tout notre ouvrage est là. Je n'ai pas écrit pour prouver que Moïse ou Jésus n'ont pas existés. Ces personnages ont pu vivre (le fait en lui-même importe peu à notre démonstration) Plus loin, on trouvera un chapitre spécialement consacré à l'étude de Jésus Christ; pour l'instant, nous disons simplement ceci : Jésus et Moïse, s'ils ont vécu, ne furent que des hommes, et s'il s'est créé longtemps après eux une légende autour de leur nom, elle n'a qu'un rapport bien indirect avec leur vie réelle et leurs actions réelles y sont certainement pour bien peu de chose. En tous cas, particulièrement en ce qui concerne Jésus, ses actions furent complètement ignorées de son vivant. Le fait de créer un personnage de l'importance du Christ peut paraître fantastique aux croyants ou aux gens superficiels, pourtant, n'a-t-on pas vu l'antiquité créer des personnages bien autrement complexes que Jésus lui-même? N'avons-nous pas vu créer Bacchus, Hercule et Jupiter, toutes les déesses et tous les dieux de l'Olympe? Ne sont-ils pas sortis tout armés du cerveau des Anciens? Les Indiens n'ont-ils pas créé Vichnou et toute sa cosmogonie? Les Scandinaves n'ont-ils pas créé leur dieu Odin, père de tous les dieux? Les Indiens, Brahma ou Bouddha? En un mot, est-ce que tous les peuples, toutes les races, ne se sont pas créées des dieux dont la vie plus ou moins fantastique est toujours une mauvaise copie de notre pauvre vie terrestre qui, par ce fait même, trahit son origine? Pourtant, il ne viendra à l'esprit d'aucun croyant de se demander si tous ces personnages ont *réellement* existés. Après cela, qu'y aurait-il d'extraordinaire à ce qu'un peuple eût commencé par rendre un culte (qui en somme en valait un autre) à l'astre radieux qui nous vivifie, après lui avoir donné une sorte d'existence fictive, expliquée par les phases différentes sous lesquelles il leur apparaissait; c'est-à-dire donnant en certaines saisons sa chaleur bienfaisante, tandis que dans d'autres il semblait mourir ou s'endormir pour revenir ensuite à la vie. N'était-ce pas là le symbole d'une existence qui éclôt, se développe peu à peu, arrive dans tout l'épanouissement de sa force pour décliner ensuite et enfin mourir. Si l'on brode là-dessus quelques fictions sur la naissance l'épanouissement de l'âge viril et la mort, voilà un être créé. De là à en faire un personnage qui aura existé, y a-t-il réellement loin? Notez bien que les créateurs de la fiction originelle ont été copiés, que leur légende a été modifiée par les copistes, et qu'avant de devenir une tradition *écrite*, elle a été pendant de longs siècles une tradition *orale*, transmise de générations en générations. Notez encore que tous ces faits se sont accomplis dans l'intervalle de plusieurs centaines d'années et que, de nos jours mêmes, nous voyons les dogmes se transformer, se scinder continuellement, témoins dans l'Eglise catholique la création des dogmes de l'Immaculée Conception, de l'infaillibilité papale, etc., puis, à une époque un peu antérieure, les schismes protestants, l'Eglise orthodoxe, etc., etc.

En somme, les trois premiers chapitre de la *Genèse*, ceux qui contiennent l'histoire de la création du monde, celle d'Adam et d'Eve, de leur tentation et de leur péché, ont toujours donné beaucoup de peine aux interprètes de l'Ecriture, qu'ils soient juifs ou chrétiens. Thomas Burnett n'a pas dissimulé ces difficultés; Beausobre rapporte un précis de toutes ces invraisemblances et il y joint cette réflexion si sage de Burnett : « La fortune et le préjugé ont un grand pouvoir sur les esprits. Nous recevons, nous embrassons cette histoire (*la Genèse*) sans examen, parce qu'elle a été écrite par Moïse. Si nous la trouvions dans un philosophe grec, dans un rabbin, ou dans un écrit mahométan, l'esprit serait arrêté à chaque pas par les doutes et les objections; cette différence dans notre jugement ne vient pas de la nature des faits, elle vient de l'opinion que nous avons de Moïse que nous croyons inspiré. »

Et, en effet, tout y choque par l'invraisemblance; l'idée d'un Dieu qui, par sa nature invisible à l'œil, incompréhensible à l'esprit, se promène dans un jardin et qui donne des préceptes à l'homme; celle d'une femme qui fait la conversation avec un serpent, l'écoute parler et en reçoit des conseils; celle d'un homme et d'une femme organisés pour se régénérer et cependant destinés à être immortels et à produire à l'infini d'autres êtres immortels comme eux, qui se produiront aussi. Une pomme cueillie qui va devenir le crime de tant de millions d'hommes qui n'y ont eu aucune part, et qui ne sera pardonné que quand les hommes se seront rendus coupables du plus grand des forfaits : un déicide, crime en lui-même impossible.

Un instant de réflexion suffit à démontrer toute la démence de pareilles histoires. Il est, en effet, bien facile de compren-

dre ce qui serait arrivé à l'humanité croissant et se multi-
pliant sans cesse, si la mort ne venait pas en véritable bien-
faitrice faire place nette aux vivants. La punition de Dieu
rendant l'homme *mortel* fut donc un mal *nécessaire* et même
un véritable *bienfait*, pour permettre aux humains de pouvoir non pas vivre — ils étaient immortels — mais seulement se mouvoir sur notre pauvre petite planète.

La femme, depuis cette époque, est condamnée à engen-
drer avec douleur, comme si les douleurs de l'enfantement
ne tenaient pas à son organisation et ne lui étaient point
communes avec toutes les autres femelles des animaux. Tant
d'absurdités et de folles idées réunies dans un seul chapitre
ne nous permettent pas de les admettre comme des faits historiques. Il n'y a que la force de l'éducation et des préjugés
qui puissent nous familiariser avec des idées aussi extravagantes. Nous conclurons donc, d'après l'exposé de ces fictions religieuses qu'on ne peut en aucune manière les classer
dans l'histoire et encore bien moins y trouver l'ouvrage de la
Raison divine et de l'Intelligence éternelle. Il ne nous reste
donc que deux partis à prendre : ou tout rejeter sans aucune
discussion, ou admettre les livres où sont consignées ces histoires en admettant que tout y est allégorique. Le premier
de ces deux partis peut paraître trop radical. Il faut admettre, en effet, que les livres dits saints forment la base du
code religieux de plusieurs grandes nations et qu'ils ont, en
tant qu'ouvrage, l'authenticité qu'on peut exiger dans les
monuments de la croyance humaine. On ne peut donc les
rejeter purement. Alors le deuxième parti nous reste : les
admettre, les discuter, mais en partant de ce principe que
tout ce que nous y verrons sera purement allégorique. Nous
tâcherons de lever ce voile mystérieux et si le lecteur veut
bien nous suivre jusqu'à la fin de cet ouvrage, il jugera si
nous avons réussi.

CHAPITRE V

Jésus-Christ

Nous avons examiné jusqu'ici le dogme de la *Faute* qui est
la base même de la religion chrétienne et nous allons étudier
bientôt le dogme de la *Réparation* qui en est la suite nécessaire, mais auparavant nous allons voir d'un peu près ce

qu'est le *Réparateur* lui-même, en un mot, nous allons étudier le héros du drame chrétien : le Christ.

Le lecteur voudra bien reconnaître que dans nos études il n'y a rien de blasphématoire; nous l'avons dit, nous respectons toutes les croyances, du moment qu'elles sont sincères. La nôtre ne l'est pas moins et c'est précisément parce que nous croyons posséder l'expression de la vérité que nous cherchons à la communiquer à ceux qui pensent qu'il n'est pas toujours bon d'admettre sans discussion les histoires les plus fantastiques, qui pour beaucoup, si elles n'étaient pas enseignées comme un dogme révélé, les feraient certainement pouffer de rire. Nous continuerons donc notre démonstration sur le ton sérieux et toujours réservé avec lequel elle a commencé, mais nous dirons nettement toute notre pensée et, à l'encontre de certains auteurs, nous ne chercherons pas à ménager les deux partis. Notre conviction est entière, nous la donnerons telle, mais nous tâcherons de le faire dans des termes qui n'offensent personne.

Mais, d'abord, une question s'impose, Jésus-Christ a-t-il existé?

Si l'on entend par Jésus-Christ, Dieu lui-même descendu sur la terre pour racheter la *faute* de l'homme, y faisant des miracles pour attester sa divinité, y mourant volontairement, nous répondrons hardiment : Non.

Mais si dans le Christ on veut voir un homme, un visionnaire exalté, convaincu peut-être d'être l'envoyé de Dieu à force de le dire, en un mot une sorte de doux anarchiste animé des meilleurs sentiments humanitaires et se croyant investi d'une mission qu'il prend pour divine, nous répondrons : cet homme a pu, a dû même exister. En tous cas son existence plus qu'obscure passa totalement inaperçue à l'époque où il vécut. Nous le disons hautement, tout ce que Jésus a dit, ou plutôt, tout ce qu'on lui a fait dire, d'autres l'avaient dit avant lui. Ses maximes, ses paraboles, sa morale même existaient avant lui. De grands penseurs, de profonds moralistes avaient émis des préceptes tout aussi beaux, tout aussi moraux que ceux des *Evangiles*. Confucius, Aristote, Chilon, etc., sont pleins de maximes superbes qui ne le cèdent en rien aux quelques belles maximes des *Evangiles*.

Renan, dans son admirable *Vie de Jésus*, dit : « Il ne faisait à ses disciples aucun raisonnement, il n'exigeait d'eux aucun effort d'attention, il ne prêchait pas ses opinions, il se prêchait lui-même... Cette personnalité exaltée n'est pas l'égoïsme, car de tels hommes, possédés de leur idée, donnent leur vie de grand cœur pour sceller leur œuvre : c'est l'identification du moi, avec l'objet qu'il a embrassé, poussée à sa dernière limite ; c'est l'orgueil pour ceux qui ne voient dans l'apparition nouvelle que la fantaisie personnelle du fondateur ; c'est le doigt de Dieu pour ceux qui voient le résultat. Le fou côtoie ici l'homme inspiré, seulement le fou ne réussit jamais. Il n'a pas été donné jusqu'ici à l'égarement d'esprit d'agir d'une façon sérieuse sur la marche de l'humanité. »

Ici qu'on nous permette une modeste objection. Il semblerait résulter des lignes citées plus haut que le grand philosophe voyait dans la mission de Jésus une inspiration véritablement divine. « C'est le doigt de Dieu pour ceux qui voient le résultat... » Renan voyait le doigt de Dieu dans la mission de Jésus et dans ses résultats, mais alors si telle était sa croyance que signifie son œuvre établissant qu'il ne voit dans le Christ qu'un doux philosophe ignorant ? Plus loin il dit encore : « Le fou côtoie ici l'homme inspiré, seulement le fou ne réussit jamais. » Si nous comprenons bien, cela signifie que Jésus était bien réellement « inspiré » et qu'il a réussi... A quoi ? — A inspirer une religion nouvelle, ou plutôt modifiée... C'est très vrai, — Mais après ? Cette religion soi-disant nouvelle vaut-elle donc beaucoup mieux que certaines de ses devancières ? Peut-on retrouver, dans les grandes actions accomplies en son nom, l'influence vraiment divine d'un Dieu inspirateur ? Nous croyons que si l'on établissait son bilan bien impartialement, il serait loin d'être à son avantage. Combien de sang humain a fait couler cette religion soi-disant toute d'humanité et d'amour du prochain ? Nous faudra-t-il rappeler les massacres fantastiques des origines du christianisme, les égorgements de l'impératrice Théodora, puis, plus tard, les croisades, les guerres de religions, le grand schisme d'Occident, la « Sainte Inquisition », la Saint-Barthélemy, les massacres d'Irlande, des Vaudois, des Cévennes, etc., etc. Est-ce là ce que le grand philosophe appelle avoir réussi ? Dans cette hypothèse, au lieu de prendre Jésus pour un « inspiré », nous l'eussions mieux aimé fou et n'ayant pas « réussi ».

Nous objectera-t-on que nous laissons volontairement dans l'ombre les grands et nobles côtés du christianisme ?

Hélas ! nous avons beau scruter la marche de l'humanité, nous ne la voyons guère modifiée par le sublime Déicide ! S'il y a quelques progrès dans la vie sociale en général, il faut bien avouer que nous le devons aux grandes révolutions purement humaines, aux progrès de la science, de l'industrie, de la mécanique, et nullement à l'influence des religions qui, bien au contraire, n'ont jamais tendu qu'à étouffer tout instinct chercheur ou sceptique dans l'humanité.

Mais il nous faut revenir à Jésus. Si sa mission est discutable, sa personalité l'est plus encore.

Nous ignorons tout de lui-même.

Jésus n'a laissé aucune trace réelle de sa vie. Les plus grands historiens contemporains de son existence n'en parlent pas. Si pourtant cette existence fut aussi mouvementée, semée d'incidents aussi marquants que ses fameux miracles dont les évangélistes nous font de si pompeuses narrations, cette existence aurait dû frapper l'imagination des écrivains de l'époque; pourtant *tous* sont muets sur la vie de Jésus.

Flavius Josèphe, fils d'un sacrificateur, qui devait avoir connu Jésus, n'en parle pas, car il est avéré aujourd'hui que les quelques lignes qu'il lui consacre ont été interposées par une fraude maladroite, car si Josèphe avait cru que Jésus fut le Messie, il en aurait écrit cent fois plus et eût sans doute été un de ses sectateurs.

Juste de Tibériade, auteur juif, n'a jamais cité le nom de Jésus. Aucun historien ne parle des prodiges qu'on lui attribue, ni des phénomènes étranges liés à sa naissance et à sa mort : l'étoile des bergers, les ténèbres à l'heure de la mort, etc. Ajoutons encore à cette importante remarque que ni Josèphe ni Philon ne font à aucun endroit la moindre mention de l'attente d'un Messie.

De ce qu'on a écrit pour et contre Jésus, Voltaire en a conclu que Jésus a bien réellement existé. Dans son ouvrage : *Dieu et les hommes*, il dit : Apollonius de Tyane n'a certainement ressuscité personne, Pithagore n'avait pas une cuisse d'or, mais Apollonius et Pithagore ont été des êtres réels; notre divin Jésus, n'a peut-être pas été emporté par le diable sur une montagne, il n'a peut-être pas séché un figuier au mois de mars pour n'avoir pas porté de figues, quand ce n'était pas la saison des figues, il n'est peut-être pas descendu aux enfers, etc..., mais il y a eu un Jésus respectable, à ne consulter que la raison. »

L'argumentation nous semble plutôt étrange. Est-ce bien une raison parce qu'un personnage est discuté pour qu'il ait existé?

On a certainement discuté les dieux de l'Olympe, Boudha ou Vichnou, Bacchus ou Jupiter, et pourtant Voltaire n'aurait pas écrit qu'ils avaient existés. Du moment que le personnage était imaginé, il était dans la logique qu'il fut discuté par les uns et glorifié par d'autres. Quoiqu'il en soit, il est très certain que nous n'avons aucune preuve matérielle de l'existence du Christ. Tout ce que nous en connaissons a été rapporté par les Évangélistes ou dans les *Actes des Apôtres*. Or, nous verrons plus loin la valeur qu'il faut attribuer à ces écrits. Ce qu'il y a de bien certain, c'est que dès que l'on veut parler avec un peu de précision du personnage, on entre dans le domaine des conjectures. Tous ses historiens se contredisent entre eux d'une façon étourdissante et ne peuvent même lui attribuer un lieu précis de naissance. Renan nous dit : « Jésus naquit à Nazareth, petite ville de Palestine qui n'eut avant lui aucune célébrité.

« Toute sa vie il fut désigné du nom de Nazaréen, et ce n'est que par un détour assez embarrassé qu'on réussit *dans sa légende* à le faire naître à Béthléem. Le recensement opéré par Quirinus, auquel *la légende* rattache le voyage de Béthléem, est postérieur d'au moins dix ans à l'année où, selon Luc et Mathieu, Jésus serait né. Les deux évangélistes ont, en effet, fait naître Jésus *sous le règne d'Hérode*, or, le recencement de Quirinus n'eut lieu qu'après la déposition d'Archelaüs, c'est-à-dire *dix ans après la mort* d'Hérode (1). »

Voilà donc, dès la naissance du Christ, un premier embarras. Renan dit encore : « On ignore la date précise de sa naissance... Le nom de Jésus qui lui fut donné est une altération de Josué. C'était un *nom fort commun*, mais naturellement on y chercha *plus tard* des mystères et une allusion au rôle de Sauveur. Peut-être Jésus lui-même, comme tous les mystiques, s'exaltait-il à ce propos (2). »

« L'histoire qu'on imagina pour le Christ fut plutôt une triste légende qu'un poème merveilleux ; on chercha moins à y peindre le héros que l'homme doux, patient, bienfaisant venu sur la terre pour prêcher par son exemple les vertus que lui, voulait inculquer aux initiés, à ses mystères. On le fit agir, prêcher et annoncer les austérités que les Brames et les autres dévots de l'Orient pratiquent encore ; il eut ses disciples, comme le Somnonacadon des Siamois, et, en général, sa légende est plus merveilleuse qu'amusante à lire. Elle se ressent un peu du caractère des sectes austères de la Judée et ne brille pas surtout par l'esprit ; l'oreille du Juif s'y montre un peu (3). »

L'ayant fait naître parmi les Juifs, on l'asservit, lui et sa mère aux pratiques juives. On imagina une circoncision le huitième jour, telle que la subissaient tous les enfants. Au

---

(1) Renan, *Vie de Jésus.*
(2) Renan, *Vie de Jésus.*
(3) Dupuis, *Origine de tous les Cultes.*

bout de six semaines sa mère va au temple pour se purifier, comme toutes les autres femmes juives. On sent que tout ce cérémonial découle nécessairement de la première idée, ou de celle de le faire naître, vivre et mourir. Il passe par les degrés de l'adolescence, de la jeunesse et publie la doctrine de son initiation. Il l'appuie par des miracles qui, presque tous, ne sont que l'exercice de sa puissance prétendue pour le bien des hommes. Le merveilleux qu'on y mêle est nécessaire pour donner du poids à cette doctrine et pour établir l'opinion qu'elle est dictée par la divinité même. D'ailleurs le merveilleux est le grand ressort de toutes les religions et les chefs de l'initiation aux mystères de Jésus-Christ ont bien senti que le peuple avait besoin d'être trompé par le spectacle imposant des miracles et par les prestiges. Toute la vie de Jésus-Christ a donc été imaginée dans cette vue. Ceux qui l'ont fabriquée en ont lié les événements supposés, non seulement à un lieu particulier, tel que la Judée, mais encore à une époque et à des noms connus, tels que le siècle d'Auguste et de Tibère, et le nom de Ponce-Pilate, qu'on a mis sur la scène, près de cent ans après sa mort, lorsqu'on imagina l'histoire romanesque du Dieu-Lumière, né au sein d'une vierge le 15 décembre, et triomphant des ténèbres par sa résurrection le 25 mars, à l'équinoxe du printemps, dans son passage sous le signe de l'Agneau. C'est sur ces deux fondements de l'initiation mythriaque qu'a été composée l'histoire du Christ aussi arbitrairement que celle d'Osiris et de Typhon l'a été par l'évêque Sinésius, qui n'a eu d'autre but que de tracer les caractères opposés du principe du bien et du mal, le triomphe du premier sur le second, après les avoir personnifiés l'un et l'autre et avoir imaginé des rôles analogues à leurs caractères. Tout y est l'ouvrage de l'imagination, si ce n'est peut-être que, comme dans la fable du Christ, on a pu y conserver quelques traits merveilleux empruntés d'autres fables sur le même Dieu-Lumière connu sous d'autres noms, tels que celui de Bacchus, d'Adonis, etc., car on voit Jésus-Christ comme Bacchus changer l'eau en vin et comme lui monter sur l'âne dans son triomphe. Malgré cela je n'oserais assurer que ceux qui ont fait la triste légende que nous avons, l'aient calquée exactement sur la marche du soleil dans les cieux, comme l'étaient les poèmes sur Hercule et Bacchus, ni qu'ils eussent recouvré la clé astronomique des anciens mystères de l'Agneau dont notre Évangile n'est qu'un réchauffé très moderne; il me semble qu'ils n'avaient d'autres données que leur foi à deux mystères, savoir : son incarnation au sein d'une vierge, à Noël, et son triomphe, à Pâques, sous le nom et le symbole de l'Agneau. Sur ce fonds très simple on a pu broder mille histoires différentes, supposer mille manières d'être mis a mort, pourvu qu'on le fît ressusciter.

En conséquence, nous nous attacherons tout spécialement aux deux mystères qui sont le fondement de la religion chrétienne : l'incarnation au sein d'une vierge et la résurrection sous la forme de l'Agneau réparateur (1) ».

Nous avons dit que Jésus n'avait laissé aucune trace de son existence personnelle. Tout ce que nous en connaissons nous a été rapporté dans les Actes des Apôtres et les Épîtres de saint Paul, c'est-à-dire par des partisans convaincus ou des sectateurs dévoués du héros lui-même. Or quelle valeur pouvons-nous attribuer à ces écrits? C'est ce que nous allons examiner.

Il y a une autre remarque très importante à faire. Les évangélistes et tous les historiens de la vie de Jésus, soi-disant contemporains de son existence, nous donnent force détails plus ou moins en contradiction sur la parole et les enseignements de leur maître. Tout ce qui a trait au caractère du personnage est largement décrit, souvent même avec précision. Quant au *physique*, tous sont complètement muets. Par tous, nous entendons ceux qui auraient pu voir Jésus, qui furent contemporains de son existence. Il est bien surprenant qu'un homme dont les moindres paroles ou les moindres actes furent si minutieusement décrits n'ait pas trouvé un historien nous donnant de son être *physique* une description détaillée et précise. Jésus était-il grand ou petit? blond ou brun? portait-il la barbe ou était-il rasé? Ces réflexions peuvent paraître puériles ; à nos yeux elles ont une importance très grande. Pour nous, l'absence totale de renseignements précis sur l'aspect physique du Christ est une preuve certaine que *personne ne l'a jamais vu*, ou du moins n'a jamais vu le Christ que nous donnent les Evangiles. Est-il admissible, en effet, que la description physique d'un homme qui devait être le fils de Dieu et Dieu lui-même n'ait pu tenter la plume d'aucun des écrivains qui nous donnèrent le récit de ses moindres paroles? Cela n'est pas croyable. Or, si personne n'en parle d'une façon précise, c'est par la raison bien simple *que personne ne l'a vu*. Tous rapportent ses paroles : Jésus dit ceci... Jésus fit cela... En ce temps-là Jésus, etc... On sent que ce sont des gens nous narrant des faits bien antérieurs à l'époque à laquelle ils écrivent.

_____

(1) Dupuis, *Origine de tous les Cultes.*

Du reste, il y a quelques années, M. Boyer, d'Agen, crut avoir découvert un portrait du Christ presque contemporain du Christ lui-même...

On peut lire dans le journal *l'Eclair* du 22 décembre 1898 :

« M. Boyer d'Agen croit avoir découvert un portrait du Christ, presque contemporain du Christ lui-même. C'est une médaille qu'il a achetée à Rome, dix centimes, dans un lot de vieilleries apportées au campo de Campo-dei-Fiori. Voici la description qui en est donnée :

« Sur la face est inscrit en hébreu le nom de Jésus ; au revers on lit, toujours en hébreu et en caractères d'un merveilleux classique, assez rare pour une inscription de ce temps, la légende suivante littéralement traduite : « Le Messie, le « Roi, viendra en paix ; il est la lumière des hommes, in-« carné, vivant. »

« Cette médaille serait-elle une empreinte prise sur quelque pièce hébraïque remontant à la primitive Eglise ? C'est du moins l'impression qui se dégage de cette tête si divine et qui ne ressemble en rien aux types tant altérés par des burins ou des pinceaux de maîtres qui ne nous ont donné en somme que leurs impressions personnelles. Ici, nous devons être certainement en présence d'un document direct et prototype. Aux savants de résoudre la question. »

Les savants s'en sont occupés. Ont-ils conclu comme l'espérait M. Boyer d'Agen ? La médaille était assez curieuse en elle-même et valait qu'on l'étudiât. Le Christ y a les cheveux bouclés et longs, la barbe rare et taillée en pointe, les traits fins, les yeux profonds.

LES PORTRAITS DU CHRIST

Il n'existe pas de portraits authentiques du Christ ; s'il n'en a pas été découvert, ce n'est pas que les recherches aient manqué ; elles ont été au contraire innombrables, mais toutes vaines. Bien mieux, aux premiers siècles, on n'était pas d'accord sur les caractéristiques de la figure du Christ.

Portait-il ou ne portait-il pas la barbe ? Ses traits étaient-ils beaux, ou ne l'étaient-ils pas ? Les Pères de l'Eglise ne s'entendaient pas, différaient d'opinion là-dessus. Quelques-uns voulaient que, humble dans la condition qu'il avait choisie, il avait voulu revêtir des formes abjectes. Tertullien ne disait-il pas : « Jésus fut dégradé d'aspect ; mais tout vulgaire, tout déshonoré qu'il est, c'est mon Christ à moi ! »

C'était conforme à la prophétie d'Isaïe, qui portait : « Il est sans beauté et sans éclat ; nous l'avons vu, et il n'avait rien de beau et nous l'avons méconnu. C'était un objet de mépris, le dernier des hommes, un homme de douleurs et connaissant l'infirmité. » Ce fut assez généralement la tradition suivie en Orient. Saint Augustin et l'Eglise latine crurent au contraire à la beauté des traits du Christ. Depuis, la dispute n'a pas pris fin ; on en retrouve encore des traces au dixseptième siècle.

Ces deux opinions donnèrent naissance à deux types de portraits du Christ : le type imberbe et le type barbu. Didron assure que ceux qui prirent parti pour la beauté du Sauveur le représentèrent *sans barbe* et, par conséquent, dégagé autant que possible de tout ce qui caractérise l'humanité. *Ces types* se rencontrent dans les *fresques* et sur les *sarcophages des catacombes* ; on les voit également tous à *la cathédrale de Ravenne*.

Peu à peu triomphe le type qui se multiplie dans nos cathédrales et qui se rattache au signalement que les Pères de l'Eglise attribuent à Lentulus, proconsul en Judée avant Hérode : « Cet homme est de taille haute et bien proportionnée, sa physionomie est sévère et pleine de vertu... Ses cheveux sont couleur de vin et, jusqu'à la naissance des oreilles, sont droits et sans reflets ; mais des oreilles aux épaules, ils sont bouclés et brillants.

« A partir des épaules ils descendent sur le dos, divisés en deux parties à la façon des Nazaréens. Front uni et pur ; figure sans tache, colorée par une faible rougeur. Son port est modeste et gracieux ; son nez et sa bouche sont irréprochables ; sa barbe est abondante, de la couleur des cheveux et bifurquée ; ses yeux sont bleus et très brillants. S'il reprend ou s'il blâme, il est redoutable ; s'il instruit ou exhorte, il a la parole aimable et caressante. Une grâce merveilleuse s'unit à la gravité sur son visage. Personne ne l'a vu rire une seule fois, mais on l'a vu plutôt pleurer. »

La médaille trouvée par M. Boyer d'Agen a-t-elle inspiré ce portrait, ou vient-elle de lui ? M. Boyer d'Agen croit à la première hypothèse ; les savants sont pour la seconde.

L'AVIS DES SAVANTS

« Nous en avons interrogé plusieurs. M. Ledrain, qui a examiné les caractères hébraïques que portent les deux côtés de la médaille, a été surpris de certaines erreurs, qu'un artiste possédant bien l'hébreu n'aurait pas commise. Si l'on doit lire exactement au revers : « le Messie, roi, est venu pour la paix ; *il est la lumière...*» le reste n'est plus clair ;

on dirait que l'artiste a copié les caractères sans les comprendre, et qu'il les a ainsi déformés.

« Si j'osais formuler une opinion un peu hâtive, nous dit M. Ledrain, je vous dirais que cette médaille me paraît jolie, comme un produit de la Renaissance. »

M. Eugène Muntz est plus précis encore :

« Pour moi, il n'y a pas de doute, c'est une médaille du seizième siècle. N'oubliez pas d'ailleurs que le Moyen-Age n'a pas fait de médailles. Il faudrait donc admettre que celle-ci est des tout premiers temps du christianisme ; et les médailles de cette date sont toutes différentes de celle-ci. »

Cette médaille a été l'objet d'une communication à la dernière séance de la Société des antiquaires ; et voici ce qu'en dit le procès-verbal de la séance :

« M. de La Tour présente quelques remarques au sujet de la médaille du Christ, récemment signalée par M. Boyer d'Agen. Il rapproche cette pièce d'un médaillon, de facture analogue, gravé à Rome, à la fin du xve siècle, par le Milanais Gio Antonio Rossi. Ce devait être une sorte de médaille d'identité portée par les juifs convertis. »

Il faudra donc se résigner à ne pas trop vieillir ce portrait. Qui possédera la reproduction qu'en ont faite des joailliers de talent n'aura donc pas, quoi qu'on en ait cru, un document prototype. Mais c'est en une telle numismatique que la foi sauve. »

Les lignes qui précèdent confirment pleinement notre manière de voir. Dès que l'on veut toucher à quelque chose de *réel* dans la vie de Jésus, on ne trouve plus que contradition et incohérence. Si pourtant une chose devait être bien indiscutable, c'est celle de l'aspect physique de Jésus. S'il a existé un Christ que ses apôtres ont suivi, écouté, ils devaient savoir s'il portait sa barbe et de longs cheveux, s'il était de « taille haute et bien proportionnée » ou bien s'il était « dégradé d'aspect et tout vulgaire. »

Ayons la franchise de l'avouer, tous ces gens qui en parlent le font selon leur imagination et ne l'ont jamais vu.

Faut-il encore une nouvelle preuve d'incertitude et de contradition ; nous allons la trouver dans un incident que l'on pourrait appeler l'affaire du saint suaire de Turin.

Rappelons brièvement les faits : Dans le courant du mois d'avril 1902, les journaux publièrent un entrefilet disant que dans la séance du 21 avril M. Yves Delage, professeur de zoologie à la Sorbonne, avait présenté à l'Académie des Sciences une note de M. Paul Vignon, docteur ès-sciences, préparateur de zoologie dans le même établissement, la dite note ayant pour objet de démontrer que le saint suaire de Turin devait bel et bien être considéré comme celui dans lequel a été enseveli le corps de Jésus de Nazareth avant sa mise au tombeau.

Cette proposition s'appuyait sur des recherches de laboratoire tendant à prouver qu'un corps récemment décédé émet des vapeurs ammoniacales capables d'imprimer un tissu d'une certaine façon — qu'on appelle négative en photographie — et qui, reproduite à nouveau sur le papier sensible, donne l'image positive, c'est-à-dire réelle.

Nous ne discuterons pas la thèse des émanations, d'abord parce qu'elle n'est pas de notre compétence et ensuite parce qu'elle a été brillamment combattue et réfutée par M. Maurice Vernes, directeur-adjoint à l'école des Hautes Etudes, section des sciences religieuses à la Sorbonne. Pour ce qui nous concerne, nous retiendrons simplement les faits suivants :

L'image du Christ imprimée sur le saint suaire, qui doit être un portrait pour ainsi dire photographique puisqu'il fut imprimé par le contact direct du corps lui-même, nous donne une tête de Christ telle que nous la voyons sur tous les portraits actuels, c'est-à-dire ornée *d'une barbe assez abondante.*

Or, à l'Académie des Inscriptions et Belles Lettres, le savant M. de Mély communiqua, à peu près à la même date, toutes les représentations du Christ depuis les premiers âges qu'il a pu réunir.

Il les a classées chronologiquement et, grâce à des découvertes absolument récentes, comme l'admirable statue du Christ de Bammatia, de Constantinople, du IIIe siècle, acquise par le musée de Berlin, comme la fresque copte de Baouit (Haute-Egypte), découverte tout récemment par M. Clément, il a pu déterminer avec une certitude presque absolue que *jusqu'en 325 le Christ a toujours été représenté* IMBERBE et que si la tradition s'en poursuit encore pendant deux siècles en Occident, c'est aussitôt après le rêve de Constantin que les peintres Orientaux représentèrent officiellement le Christ *avec une barbe.*

Voilà donc la situation qui nous est offerte : D'un côté on nous donne, avec preuves chimiques à l'appui, un portrait *direct* du Christ, imprimé par le corps même sur le suaire qui l'enveloppa, qu'y voyons-nous ? un christ *portant une barbe bien fournie.*

D'un autre côté, un savant distingué que ne guide aucun parti pris, nous montre une série de portraits ou reproductions du même Christ ; lesdits portraits sont indiscutablement authentiques ; ils datent des premiers âges du christianisme, on pourrait presque dire qu'ils sont contemporains de Jésus... Tous ces portraits, avec un ensemble touchant, nous donnent un Christ *absolument imberbe*.

Que le lecteur juge maintenant si nous avions raison de dire que, pour tout ce qui touche à l'existence réelle de Jésus, on ne trouve qu'incohérence et contradiction.

Maintenant, si nous parlons des Evangiles proprement dits, nous sommes obligés de reconnaitre qu'ils furent écrits par des partisans enthousiastes, des disciples du Maître et qu'en admettant qu'ils ne nous rapportent que des faits exacts, on ne peut nier que ces faits furent présentés sous le jour le plus favorable à la cause qu'ils voulaient propager et que nous ne nous trouvons pas en présence d'historiens indépendants, mais que, bien au contraire, le moindre fait, pourvu qu'il fût entouré d'un certain prestige ou mystère, devenait à leurs yeux un *miracle* que leur imagination naïve et ardente traduisait de la façon leur paraissant la plus susceptible de frapper les masses. Encore faudrait-il admettre dans cette hypothèse que les Evangiles furent écrits *pendant* la vie ou immédiatement après la mort de Jésus-Christ. Mais, il semble bien admis, au contraire, que les premiers évangiles ne parurent guère que deux siècles après la mort du Christ, et encore furent-ils déclarés apocryphes, et les quatre évangiles conservés par le Concile de Nicée, en l'an 325 de l'Ere chrétienne, leur sont certainement postérieurs.

De tous ces faits il résulte que la vie très obscure de Jésus-Christ fut une légende orale transmise de génération en génération pendant au moins deux siècles. Or la secte naissante ayant déjà pris un certain développement, ayant déjà eu des martyrs et des confesseurs, combien dirons-nous, cette légende ne dut-elle pas subir de modifications avant de recevoir une forme définitive écrite? On le devine sans pouvoir l'apprécier au juste. Du reste, quelle foi pouvons-nous savoir aujourd'hui en ces livres, quand, dès les premiers siècles du christianisme, des sectes entières n'en admettaient pas la validité : Boulenger, dans son *Examen critique de la Vie de saint Paul*, dit que dès les premiers temps de l'église, des sectes entières de chrétiens n'ont pas cru que plusieurs des épitres publiées sous le nom de saint Paul fussent réellement de cet apôtre.

Les Marcionites assuraient que les évangiles étaient remplis de faussetés et Marcion, leur chef, prétendait que son évangile était le seul véritable.

Les Manichéens qui formaient une secte très nombreuse au commencement du christianisme, rejetaient *comme faux* tout le nouveau testament et montraient d'autres écrits tout différents qu'ils donnaient *comme authentiques.*

Les Corinthiens, ainsi que les Marcionites, n'admettaient point les Actes des Apôtres. Les Eucratites et les Séveniens n'adoptaient ni ces Actes ni les épîtres de saint Paul. Saint Chrysostôme, dans une homélie qu'il a faite sur les Actes, dit que de son temps, c'est à-dire, vers la fin du IVᵉ siècle, bien des gens ignoraient, non-seulement le nom de l'auteur ou du collecteur de ces Actes, mais même ne connaissaient aucunement cet ouvrage. Les *Valentiniens,* ainsi que plusieurs autres sectes de chrétiens, accusaient nos écritures d'être remplies d'erreurs, d'imperfections, de contradictions, et d'être insuffisantes sans le secours des traductions. C'est un fait que saint Irenée nous atteste. Les Ebionites ou Nazarréens, qui furent les premiers chrétiens, rejetaient toutes les épîtres de saint Paul et le regardaient comme un imposteur et un faux frère.

On pourrait poursuivre cette liste. Pour terminer, disons que saint Epiphane, qui écrivait dans le IVᵉ siècle de l'ère chrétienne, comptait de son temps 80 hérésies ou sectes divisant les chrétiens. Saint Irenée qui vivait dans le IIᵉ siècle, en avait avant lui déjà combattu ou réfuté un grand nombre. Il y eut plus de cinquante évangiles racontant tous avec force détails l'enfance et la vie du Christ, mais ces évangiles offraient entre eux tant de choquantes contradictions que le concile de Nicée dut en ordonner la suppression pour n'en garder que quatre, ceux connus actuellement. Or, sait-on comment se fit cette sélection ? l'histoire vaut la peine d'être narrée. On plaça, dit-on, pêle-mêle les livres apocryphes et les livres authentiques *sous* un autel. Les pères du concile se mirent en prières pour obtenir du Seigneur qu'il permit que les livres faux ou douteux restassent sous l'autel tandis que ceux qui seraient *vraiment inspirés* par le Saint-Esprit viendraient se placer d'eux-mêmes *sur* cet autel. Ce qui ne manqua pas d'arriver. C'est donc d'une pareille baliverne que dépend notre foi ! C'est à ce miracle que les chrétiens doivent l'assurance de posséder des *Evangiles* vrais ou des *Mémoires* fidèles sur la vie de Jésus-Christ.

Du moins, après une telle épuration, opérée par la volonté même de Dieu, pourrions-nous espérer avoir des documents *indiscutables,* récits lumineux reflétant dans un ensemble parfait l'inspiration divine du Saint-Esprit qui les aurait dictés. Nous allons voir l'accord qui résulte de la comparaison entre eux, de ces singuliers ouvrages, œuvre de l'Esprit-Saint. Un mot encore avant de passer à ces curieuses comparaisons.

« Il est constant, dit Fauste, que les évangiles n'ont pas été écrits par Jésus-Christ *ni par ses apôtres*, mais longtemps après eux, par des hommes inconnus qui jugeant bien qu'on ne les croirait pas, puisqu'ils racontaient des choses qu'ils ne savaient pas, mirent à la tête de leurs livres les noms de quelques hommes apostoliques, assurant que ce qu'ils avaient écrit, ils l'avaient écrit sur leurs témoignages. »

Les trois premiers évangiles, ceux de Mathieu, Marc et Luc sont, sur une infinité de points, de pures copies d'un même fonds, ce qui leur a fait donner le nom de synoptiques. Le quatrième, celui de Jean, est celui qui s'éloigne le plus des trois autres. Il est à remarquer que Marc et Luc, qui n'auraient pas été apôtres, sont les évangélistes qui se rapprochent le plus de Mathieu, tandis que Jean et Mathieu, qui tous deux auraient été apôtres et qui, par conséquent, devraient avoir le mieux connu les actes et la doctrine de Jésus, sont ceux qui s'éloignent le plus l'un de l'autre. M. Lutzelberger, dans son savant ouvrage intitulé : « *Jésus surnommé le Christ* », soutient qu'il est impossible de démontrer l'existence des évangiles avant le II° siècle et que la plupart des prétendus faits ne reposent que sur des traditions d'une origine plus que suspecte. Il appuie du reste toutes ces assertions sur des considérations du plus grand poids.

Voici maintenant quelques exemples du touchant accord existant entre les dires des évangélistes qui, ne l'oublions pas, sont *tous les quatre* inspirés de l'Esprit-Saint, c'est-à-dire de Dieu lui-même. Ce malheureux Dieu ne sait même pas quelle généalogie il donne à son fils Jésus, c'est-à-dire à lui-même, et par le canal de son Esprit-Saint il souffle à *Mathieu* que Jésus est descendu du roi David par *son fils Salomon*, jusqu'à Joseph, père au moins putatif de Jésus--Christ. A *Luc*, il souffle qu'il est descendu du même David *par son fils Nathan* jusqu'à Joseph.

Mais voici quelque chose de plus grave, l'arbre généalogique de Mathieu est en contradiction avec les données de l'Ancien Testament. D'abord, entre Joram fils de Josaphat et Jonathan père d'Achaz, il présente (v. 8 et 9) *un seul roi*, Ozias, tandis qu'au contraire le quatrième livre des Rois (ch. VIII, IX, XI, XII, XIV) et le premier livre des Paralipomènes en présentent formellement quatre : Ochozias, Joas, Amasias et Azarias.

En second lieu, entre Jonas et Salathiel, il ne présente encore *qu'une seule* génération, *un seul Roi*, Jechonias, qu'il donne pour fils de Josias, tandis qu'au contraire le quatrième livre des Rois et le deuxième livre des Paralipomènes en présentent formellement *deux :* Eliacim, dont le pharaon Nechao change le nom en Joakim, puis Joachim fils de Joakim, encore je ne compte pas Joachaz qui règne avant son frère Eliacim, pendant trois mois seulement, et qui est amené en Egypte par le pharaon. Ainsi, voilà un évangéliste qui ne connaît pas ou qui supprime de sa pleine autorité quatre générations, quatre règnes qui dans l'histoire des Juifs jouent un rôle si important, comme on peut le voir au quatrième livre des Rois et au deuxième livre des Paralipomènes.

Luc contredit aussi, sur plusieurs points, l'Ancien Testament, il fait naître (v. 27), Salathiel, de Neri, tandis que le premier livre des Paralipomènes, qui prend soin pourtant d'énumérer les enfants de Zorababel en y comprenant même, contrairement à l'usage général des livres saints, sa fille Salomith leur donne pour père Jéchonias. Les deux généalogies de Mathieu et de Luc, considérées *séparément*, présentent déjà de grands défauts. Si nous les comparons nous allons rencontrer d'énormes contradictions : *Luc fait* descendre Joseph de Nathan, un des fils de David, *Mathieu*, au contraire, le fait descendre de Salomon ; de plus, Luc, en suivant la ligne collatérale de Nathan, y insère (v. 27) les deux noms successifs de Salathiel et de Zorobabel qui appartiennent à la ligne royale de Salomon. Enfin, dans *Mathieu* (v. 16), *Joseph*, père de Jésus *est fils* de Jacob, tandis que dans *Luc* (v. 23) il est *fils d'Héli.*

Nous avons dit au commencement de ce chapitre l'opinion du maître Renan sur le lieu de la naissance du Christ et nous disions que, malgré cette autorité, nous en étions réduits aux pires conjectures. En effet, en lisant les narrations de Mathieu et de Luc, on se demande quel était le domicile habituel des parents de Jésus. Luc désigne expressément *Nazareth* en Galilée (1). C'est accidentellement, en vue d'un recensement prescrit par Auguste, qu'il le fait aller à *Bethléem* en Judée, où *Marie accouche* et d'où ils partent bientôt pour revenir à Nazareth.

Mathieu place *tout d'abord* le lieu de la scène à *Bethléem.* S'il s'en tenait là, son silence pourrait faire naître quelques doutes, mais il ne contredirait pas le récit de Luc.

Il n'en est pas ainsi. *D'après Mathieu*, les parents de Jésus, revenant d'Egypte, paraissent rentrer en Judée comme dans leur résidence *primitive* et *habituelle* ; ils en sont détournés seulement parce qu'ils apprennent qu'Arche-

---

(1) Luc, ch. I, v. 26 et 56 et ch. II, v. 1, 4 et 39.

laüs y règne à la place d'Hérode, son père, et c'est accidentellement et sur un avertissement reçu dans un songe qu'ils
se déterminent à aller demeurer à Nazareth en Galilée.
Maintenant, il semble bien que, selon Mathieu, Joseph et
Marie ne demeuraient pas *primitivement* à Nazareth, comme
l'affirme Luc, et alors la divergence entre les évangélistes
est bien près de la contradiction.

Mathieu et Luc, les seuls évangélistes qui parlent de la
naissance et de l'*enfance* de Jésus se contredisent à cet
égard, non pas sur des circonstances ou des faits accessoires,
mais sur des points de premier ordre. Il y a dans l'Evangile
de Mathieu une légende à la fois touchante et terrible, mais
les faits dont elle se compose ne s'accordent pas avec la rela-
tion de Luc.

Dans Mathieu, aussitôt après l'adoration des Mages,
Joseph et Marie *partent de Bethléem* et s'enfuient en Egypte
pour éviter la colère d'Hérode qui ordonne alors ce fameux
massacre des Innocents sur lequel je reviendrai tout à
l'heure. Ils restent en Egypte jusqu'à la mort d'Hérode.

Consultons maintenant Luc, peut-être ne serait-ce pas se
montrer trop exigeant que de lui demander de confirmer
des faits aussi importants que le sont cette fuite et ce massacre. Mais au moins faut-il qu'il ne rapporte rien qui les
contredise.

D'après sa narration, Joseph et Marie viennent publiquement au temple de Jérusalem le *40ᵉ jour* après la naissance
de Jésus afin d'accomplir les cérémonies prescrites par le
Lévitique (chap. xii), pour la purification de la mère et le
rachat de l'enfant comme premier-né. Loin *de se cacher*
pour remplir ces observances, ils les accomplissent ostensi-
blement dans un temple fréquenté par la foule, où ils sont
harangués par le vieillard Siméon et la prophétesse Anne.
Assurément, c'était faire beau jeu à la colère d'Hérode et
rendre bien faciles les recherches de ses sicaires. Mais au
moins après les cérémonies, Luc fera-t-il partir la sainte
famille pour l'Egypte? Pas le moins du monde, il les fait
tranquillement *retourner* à Nazareth en Galilée leur résidence habituelle. Cette circonstance s'oppose à la conciliation
que l'on a essayé d'établir entre les deux évangélistes en
disant que la présentation au temple racontée par Luc avait
pu avoir lieu avant l'adoration des mages racontée par
Matthieu, car, dans cette dernière hypothèse, les mages arri-
vant à Bethléem où se passa la scène de l'adoration, d'après
Mathieu, n'auraient plus trouvé la sainte famille que Luc
avait fait partir pour Nazareth après la présentation au temple.

Passons maintenant au massacre des innocents. Quoique partisan des Romains qui avaient permis à Hérode de régner, l'historien juif Josèphe n'épargne pas la mémoire de ce tyran et, tout en lui laissant le surnom de grand, il raconte ses crimes dans les plus amples détails. Or il ne dit absolument *rien* de ce massacre de tous les enfants de deux ans et au-dessous que Mathieu prétend avoir été exécuté dans Bethléem et tout le pays d'alentour par ordre d'Hérode. Outre que la narration de Luc, en contredisant comme je viens de le faire voir la fuite en Egypte racontée par Mathieu, contredit déjà par là-même le massacre qui en est le prétexte; est-il permis de supposer qu'une aussi abominable boucherie n'eût causé aucun émoi dans la Judée et que Josèphe qui se complaisait dans la narration des crimes publics ou privés d'Hérode eût passé sous silence le plus grand de tous ces crimes, celui qui les dépassait tous en atrocité!

Sur la question des miracles les évangélistes ne se contredisent pas moins. Ecoutons-les: Les morts que Jésus rappelle à la vie sont au nombre de trois: la fille de Jaïre, le fils de la veuve de Naïm et Lazare. Ces résurrections, particulièrement celle de Lazare, qui figurent parmi les plus grands miracles de Jésus, auraient eu besoin du concours des quatre évangélistes pour témoigner sur un point de cette importance.

Or leurs relations sont absolument divergentes. Les trois premiers évangélistes, Mathieu, Marc et Luc, *qui n'ont pas été témoins* du miracle, le racontent, tandis que Jean qui d'après Marc et Luc serait *le seul* évangéliste qui y *aurait assisté*, est précisément celui qui n'en parle point!

La résurrection du fils de la veuve de Naïm est racontée par Luc, *lequel n'en a pas été témoin*, tandis que les trois autres évangélistes, dont deux, Mathieu et Jean y *auraient assisté*, *n'en parlent pas*. Enfin, la résurrection de Lazare est racontée par *Jean seul*, quoique Mathieu ait dû aussi en être témoin.

Mathieu et Marc représentent, chacun dans le même chapitre, Jésus chassant les vendeurs du Temple et desséchant un figuier sur lequel il était venu chercher en vain des fruits, mais ils se contredisent sur l'ordre de succession de ces faits.

D'après Mathieu (ch. XXI, v. 12-20), la scène des vendeurs *précède* celle de la malédiction au figuier; d'après Marc, au contraire (ch. XI, v. 1-2, 21), elle ne *vient qu'après*. Dans la scène du figuier, d'après Mathieu (v. 20), l'arbre se dessèche à *l'instant même* de la malédiction de Jésus et ses disciples s'en aperçoivent *sur le champ* et en font la remarque... Selon

Marc (v. 19-21), c'est *le lendemain* seulement que le figuier est desséché et que Pierre le fait observer à Jésus (1).

A propos de ce soi-disant miracle, il n'est pas inutile de faire remarquer en passant tout ce qu'a d'insensé cette malédiction d'un arbre, parce qu'il ne porte pas de fruits ! N'est-ce pas là une colère d'enfant qui prétend punir un être privé d'intelligence et de liberté; est-il possible à un être humain qui possède sa saine raison d'admettre une pareille absurdité ? Mais de la part d'un Dieu qui doit être la suprême intelligence.... Est-il admissible de croire une pareille ineptie qu'on aura l'audace de taxer de révélation ? Mais ce qui met le comble à l'absurdité de cet acte, c'est que Marc (v. 13) a bien soin de faire remarquer que *ce n'était pas la saison des figues.* Ainsi ce malheureux arbre est puni et desséché par Dieu lui-même pour n'avoir pas porté de fruits dans un temps *où ce n'était pas la saison des figues...* Et dire que c'est dans de pareils livres que nous allons apprendre les mystères de la vie de Jésus !

Comprendra-t-on ce qu'il faut que les préjugés aient aveuglé, atrophié certaines intelligences pour qu'elles puissent admettre de pareilles inepties !

Nous avons déjà vu quelques choquantes contradictions des livres entre eux, nous allons en voir d'autres non moins flagrantes.

Sur la durée du temps de la vie publique de Jésus-Christ, suivant ce que disent les trois premiers évangélistes, il ne pouvait y avoir eu guère plus de trois mois depuis son baptême jusqu'à sa mort, en supposant qu'il eût 30 ans, lorsqu'il fut baptisé par Jean, comme dit Luc, et qu'il fut né le 25 décembre. Depuis ce baptême, qui fut l'an 15 de Tibère-César et l'année qu'Anne et Caïphe étaient grand-prêtres, jusqu'au premier Pâques suivant qui était au mois de mars, il n'y avait environ que trois mois, selon ce que disent les trois premiers évangélistes. Il fut crucifié la veille du premier Pâques après son baptême et la première fois qu'il vint à Jérusalem avec ses disciples, car tout ce qu'ils disent de son baptême, de ses voyages, de ses miracles, de ses prédications, de sa passion et de sa mort, doit se rapporter nécessairement à la même année de son baptême, puisque ces évangélistes ne parlent d'aucune autre année suivante et qu'il paraît même, par la narration qu'ils font de ses actions, qu'il les a toutes faites *immédiatement* après son baptême, consécutivement les unes après les autres et en fort peu de temps.

---

(1) Larroque, *Examen critique de la doctrine chrétienne.*

Or, il n'existe qu'un seul intervalle de six jours avant sa transfiguration, et pendant ces six jours on ne voit pas qu'il ait fait autre chose.

On voit par là que Jésus-Christ n'aurait vécu qu'environ trois mois après son baptême ; si de ces trois mois on défalque les quarante jours et quarante nuits qu'il passa dans le désert immédiatement après son baptême, on trouvera que le temps de sa vie publique depuis ses premières prédications jusqu'à sa mort, n'aura duré qu'environ six semaines, et, suivant ce que Jean dit, il aurait au moins duré *trois ans et trois mois* parce qu'il paraît par l'évangile de cet apôtre qu'il aurait été pendant le cours de sa vie publique, trois ou quatre fois à Jérusalem à la fête de Pâques, qui n'arrivait qu'une fois l'an.

Or, s'il est vrai qu'il y ait été trois ou quatre fois depuis son baptême, comme Jean le témoigne, il est faux qu'il n'ait vécu que trois mois après son baptême et qu'il ait été crucifié la première fois qu'il alla à Jérusalem.

Veux-t-on dire que ces trois premiers évangélistes ne parlent effectivement que d'une seule année, mais qu'ils ne marquent pas distinctement les autres qui se sont écoulées depuis son baptême ? Où Jean entend-t-il parler d'une seule Pâques, quoiqu'il semble en mentionner plusieurs, et que c'est par anticipation qu'il répète plusieurs fois que la fête de Pâques des juifs était proche, et que Jésus alla à Jérusalem, et par conséquent qu'il n'y a qu'une contrariété apparente sur ce sujet entre ces évangélistes ? Je le veux bien, mais il est constant que cette contrariété apparente ne viendrait que de ce qu'ils ne s'expliquent pas avec toutes les circonstances qui auraient été à remarquer dans le récit qu'ils font. Quoiqu'il en soit, on peut dire hardiment qu'ils étaient bien mal inspirés de Dieu lorsqu'ils ont écrit leurs histoires.

Autre contradiction au sujet de la première chose que Jésus-Christ fit incontinent après son baptême. Les trois premiers évangélistes disent qu'il fut aussitôt transporté par l'esprit dans un désert où il jeûna quarante jours et quarante nuits et où il fut plusieurs fois tenté par le diable. Suivant ce que dit Jean, il partit deux jours après son baptême pour aller en Galilée, où il fit son premier miracle, en y changeant l'eau en vin aux noces de Cana ; puis il se trouva trois jours après son arrivée en Galilée à plus de trente lieues de l'endroit où il était. A l'égard du lieu de sa première retraite, après sa sortie du désert, Mathieu dit (1) qu'il s'en vint en Galilée et que, laissant la ville de Nazareth, il vint

---

(1) Math , ch. iv, v. 13. — Luc, ch. iv, v. 16-31.

demeurer à Capharnaum, ville maritime, et Luc dit qu'il vint d'abord à Nazareth et qu'il alla ensuite à Capharnaum.

Ils se contredisent sur le temps et la manière dont les apôtres se mirent à sa suite ; car les trois premiers disent que Jésus, passant sur le bord de la mer de Galilée, vit Simon et André, son frère, et qu'un peu plus loin, il vit Jacques et Jean, son frère, avec leur père Zébédée. Jean, au contraire, dit que ce fut André, frère de Simon-Pierre, qui se joignit premièrement à Jésus avec un autre disciple de Jean-Baptiste, l'ayant vu passer devant eux lorsqu'ils étaient avec leur Maître sur les bords du Jourdain. Au sujet de la Cène, les trois premiers évangélistes marquent que Jésus-Christ fit l'institution du sacrement de son corps et de son sang sous les espèces et apparences du pain et du vin, et Jean ne fait aucune mention de ce mystérieux sacrement ; Jean dit (1) qu'après cette cène, Jésus lava les pieds à ses apôtres, qu'il leur commanda expressément de se faire les uns aux autres la même chose et rapporte un long discours qu'il leur fit dans ce même temps. Mais les autres évangélistes ne parlent aucunement de ce lavement de pieds ni du long discours qu'il leur fit, au contraire, ils témoignent qu'incontinent après cette cène, il s'en alla avec ses apôtres sur la montagne des Oliviers, où il abandonna son âme à la tristesse, et qu'enfin il tomba en agonie, pendant que ses apôtres dormirent un peu plus loin.

Ils se contredisent eux-mêmes sur le jour qu'ils donnent pour celui de la cène ; car, d'un côté, ils marquent qu'il la fit le soir de la veille de Pâques, c'est-à-dire le jour du premier jour des Azymes, ou de l'usage des pains sans levain, et, d'un autre côté, ils disent qu'il fut crucifié le lendemain du jour qu'il fit cette cène, vers l'heure de midi, après que les juifs lui eurent fait son procès pendant toute la nuit et le matin. Or, suivant leur dire, le lendemain qu'il fit cette cène n'aurait pas dû être la veille de Pâques. Donc, s'il est mort la veille de Pâques vers midi, ce n'était point le soir de la veille de cette fête qu'il fit la cène. Donc il y a erreur manifeste. Ils se contredisent aussi sur ce qu'ils rapportent des femmes qui avaient suivi Jésus depuis la Galilée ; car les trois premiers évangélistes disent que ces femmes et tous ceux de sa connaissance entre lesquels étaient Marie-Madeleine et Marie, mère de Jacques et de Jésus et la mère des enfants de Zébédée regardaient de loin ce qui se passait, lorsqu'il était pendu et attaché à la croix. Jean dit, au contraire, que

(1) Jean, ch. XIII, v. 5.

la mère de Jésus et la sœur de sa mère, et Marie-Madeleine étaient debout auprès de la croix avec Jean, son apôtre.

La contradiction est manifeste, car si les femmes étaient près de lui, elles n'étaient pas éloignées, comme disent les autres. Or, comme sur quatre narrateurs, trois sont du même avis, la vérité (si elle existe dans ce cas) doit être de leur côté, et Jean, toujours inspiré, a été trompé... par Dieu !...

Les évangélistes se contredisent encore sur les prétendues apparitions que Jésus fit après sa pseudo-résurrection, car Mathieu ne parle que de deux apparitions, l'une à Marie-Madeleine et à une autre femme nommée aussi Marie, et l'autre à ses onze disciples qui s'étaient rendus en Galilée sur la montagne qu'il leur avait marquée pour le voir.

Marc parle de trois apparitions, la première lorsqu'il apparut à Marie-Madeleine : la deuxième, lorsqu'il apparut à ses deux disciples qui allaient en Emmaüs, et la troisième, lorsqu'il apparut à ses onze disciples auxquels il fit reproche de leur incrédulité.

Luc ne parle que de deux apparitions, comme Mathieu, et Jean parle de quatre apparitions, il ajoute aux trois de Marc celle qu'il fit à sept ou huit de ses disciples qui pêchaient sur la mer de Tibériade.

Ils se contredisent encore sur le lieu de ces apparitions ; Matthieu dit que se fut en Galilée sur une montagne ;

Marc dit que ce fut lorsqu'ils étaient à table ;

Luc dit qu'il les mena hors de Jérusalem jusqu'en Béthanie, où il les quitta en s'élevant au ciel !

Jean dit que ce fut dans la ville de Jérusalem, dans une maison dont ils avaient fermé les portes, et, une autre fois, sur la mer de Tibériade !

Le lecteur pourra choisir dans ce touchant accord des narrateurs toujours *inspirés de Dieu.*

Mais ils se contredisent encore au sujet de sa prétendue ascension au ciel. Luc et Marc disent positivement qu'il monta au ciel *en présence* de ces onze apôtres, mais ni Mathieu, ni Jean ne font aucune mention de cette prétendue ascension.

Bien plus, Matthieu témoigne assez clairement qu'il n'est point monté au ciel puisqu'il dit positivement que Jésus-Christ assura ses apôtres *qu'il serait* et qu'il *demeurerait toujours* avec eux jusqu'à la fin des siècles. « Allez, leur dit-il, dans cette prétendue apparition ; enseignez les nations et soyez assurés que je serai toujours avec vous jusqu'à la fin des siècles. »

Luc se contredit lui-même sur ce sujet. Dans son évangile il dit que ce fut *en Béthanie* qu'il monta au ciel en présence de ses apôtres et dans les Actes des Apôtres il dit que ce fut *sur la montagne des Oliviers !*

Il se contredit encore lui-même dans une autre circonstance de cette ascension, car il marque dans son évangile que c'est le *jour même* de sa résurrection, ou la *première nuit suivante*, qu'il monta au ciel, et dans ses Actes des Apôtres, il dit que ce fut *40 jours après* sa résurrection, ce qui ne s'accorde certainement pas.

Si tous les apôtres avaient véritablement *vu* leur maître monter glorieusement au ciel, comment admettre que Matthieu et Jean qui l'auraient vu comme les autres auraient pu passer sous silence un si glorieux mystère, et surtout si utile à la déification de leur maître. Ils rapportent quantité d'autres circonstances de sa vie a beaucoup près moins importantes que celle-là, et l'action capitale serait omise ! Comment Mathieu ne fait-il pas mention expresse de cette ascension, et n'explique-t-il pas clairement de quelle manière le maître demeurerait toujours avec eux quoiqu'il les *quittât visiblement* pour monter au ciel.

Par quel secret Jésus-Christ pouvait-il demeurer « au milieu » de ceux qu'il quittait ?

Allons, il faut une fois de plus reconnaître que Dieu a bien mal inspiré ses scribes ; mais je pense que ce n'est pas lui le fautif, les coupables ce sont ceux qui veulent voir dans les récits de ces illuminés une inspiration divine, là où il ne se trouve que des récits de cerveaux plus ou moins imaginatifs !

Je pourrai poursuivre longtemps cet examen contradictoire, mais tel n'est pas le but de cet ouvrage. J'ai voulu montrer en passant les contradictions flagrantes des évangiles entre eux ; j'ai voulu faire toucher du doigt la valeur de ces ouvrages, base fondamentale de tout le dogme chrétien.

Si le lecteur veut bien se pénétrer de cette idée qu'avec les livres de l'Ancien Testament relatant les origines, ce sont là les sources de toute la croyance chrétienne. Tout homme vraiment indépendant et que n'aveugle pas complètement la foi et les préjugés, sera obligé de reconnaître qu'il est impossible d'admettre un pareil amoncellement d'absurdités physiques et morales.

Ayons le courage de l'avouer ; si ces livres, au lieu de narrer la vie d'un personnage qu'on veut faire Dieu lui-même, nous racontaient un événement quelconque de ces lointaines époques, on ne prendrait même point la peine de

les discuter. Mais il faut bien le reconnaître, dix-neuf siècles
de croyances basées sur ces ouvrages ne s'effacent pas d'un
trait de plume. A vrai dire, la libre discussion et l'étude des
livres saints ne datent que d'hier. Jusqu'à nos jours, l'Eglise
toute puissante tenant le peuple sous sa férule n'en permet-
tait pas la discussion et si, par hasard, une voix affectant
quelque allure d'indépendance tentait de s'élever pour crier
au monde la vérité qui l'étouffait, la lourde main du clergé
tout puissant s'abattait sur elle, l'obligeant à rentrer dans
le grand silence de la nuit. Et notez bien que non-seulement
il ne pouvait être question de discuter le dogme ou ses
origines, mais seulement vouloir parler au nom de la
science sur les plus belles découvertes de la physique ou de
l'astronomie était considéré comme un crime d'hérésie puni
par les plus terribles châtiments, dont le bûcher était le couronnement.

En 1600, le malheureux Giordano Bruno périt sur le bûcher comme apostat et hérétique !

Quelques années plus tard, l'illustre Galilée n'était-il pas
obligé de rétracter publiquement sa belle découverte du mouvement de la terre, bien heureux encore qu'il pût s'en tirer
par une pareille insulte faite à son génie. On peut juger par
là comment eût été accueilli un livre discutant le texte des
Evangiles ou la divinité de Jésus.

Il a fallu que notre grande Révolution, en affranchissant
l'humanité du joug de l'Eglise, rendît à l'homme une partie
de sa libre indépendance, et que les progrès de l'instruction, en répandant la lumière dans les intelligences, ouvris-
sent des horizons nouveaux à un grand nombre d'esprits.
C'est alors qu'on vit surgir au xviiie siècle cette pléiade
d'esprits supérieurs qui portèrent au cléricalisme de si terribles coups : Voltaire, Diderot, d'Alembert, Boulanger, Dupuis, et après eux, Volney, Dumarsais et même Pigault-
Lebrun, furent de rudes adversaires ; leur brillante dia-
lectique, ou sarcastique ou sérieuse, leur irréfutable bon
sens, leur logique implacable et scientifique, ont frappé le
dogme catholique au cœur même et de cette blessure il ne
guérira pas. Les intéressés pourront dire ce qu'ils voudront,
l'Eglise catholique est blessée à mort, elle pourra se survivre
des siècles, peut-être, elle ne retrouvera *jamais* sa puissance
déchue !

Nous ne disons pas que la religion est morte, car, à
notre avis, tant qu'il y aura des hommes il y aura des religions ; mais, semblables à tout ce qui est de création
humaine, elles devront se modifier, elles devront s'identi-

fier et correspondre à l'instruction et à l'intelligence des peuples qui les pratiquent, et le Christianisme meurt précisément de n'avoir pas voulu ou pu comprendre cette vérité. Un peuple instruit et intelligent ne peut pratiquer une religion basée sur un tissu d'absurdités et de mensonges physiques, il lui faut une croyance à la hauteur de son intelligence. Que l'on berce un enfant avec la fable d'Adam et d'Ève, ou les balivernes de l'arche de Noé et de la tour de Babel ; quand, à 18 ans, il sortira du collège avec des notions mêmes superficielles de physique et d'astronomie, il ne croira plus. Parvenu à l'âge viril, les préjugés, l'habitude, l'empêcheront peut-être d'abandonner toute pratique religieuse extérieure (mariage religieux, baptême des enfants, première communion, etc.), mais il fera ou laissera faire par habitude, par déférence peut-être pour certains parents ou amis, nullement par conviction. L'homme véritablement intelligent ne peut plus croire aux dogmes.

La religion de l'avenir ne pourra être que le rapport direct et intime de l'homme vers Dieu. Le rôle du prêtre touche à sa fin. L'homme de l'avenir comprendra que pour admirer et adorer le Maître de l'Univers, il n'a nul besoin de temples ou d'intermédiaires tout aussi faillibles que lui-même et dont la raison d'être n'est autre que d'exploiter sa crédulité en entretenant soigneusement son ignorance. Le Prêtre de l'avenir, c'est la science, qui, en nous dévoilant chaque jour les secrètes beautés de la nature et de l'univers, nous apprend à admirer la suprême intelligence qui préside à l'Harmonie Universelle.

Comment l'Église n'a-t-elle pas compris qu'en voulant rapetisser l'Univers aux mesquineries péniblement élaborées dans ses livres elle se détruisait elle-même ?

Au lieu d'étouffer honteusement la voix de ceux des siens — car presque tous ceux qui combattirent ses dogmes furent précisément de ses membres — au lieu, disons-nous, d'étouffer ces voix superbes qui criaient au monde la puissance et la grandeur de Dieu, l'Église eut dû leur élever un piédestal et bénir cent fois ces belles découvertes qui attestaient les splendides harmonies de la Nature.

Hélas ! si l'Église n'a pas fait cela, c'est qu'elle ne pouvait le faire. Glorifier les découvertes de l'astronomie, c'était détruire d'un seul coup les légendes des livres, c'était avouer que ces livres ne contenaient que mensonges et absurdités. Admettre ces belles découvertes, c'était porter le flambeau de la Vérité dans la nuit des siècles si soigneusement entretenue.

Et pourtant aujourd'hui la Vérité a triomphé quand même ; la petite lumière qu'on a voulu étouffer il y a quelques siècles est aujourd'hui un éclatant soleil. Il faut bien l'admettre et vivre avec elle, alors il se trouve des gens — d'Église, bien entendu — qui vont mettre les textes sacrés à la torture pour tâcher de les mettre, si possible, en accord apparent avec les indiscutables données de la Science.

Les huit jours de la Création deviendront huit périodes qui auront duré autant de siècles que la science le voudra. Le soleil n'aura pas été créé *après* la lumière et la conversation de la femme et du serpent devient peut-être une allégorie. Mais alors nous voilà presque d'accord ; si l'on admet l'allégorie pour un point, nous la voulons pour tous les autres, et dans cet ordre d'idées nous allons pouvoir discuter.

Si vous admettez comme allégories les narrations des livres saints, nous pourrons peut-être nous entendre. Pour ce qui nous concerne, nous allons tâcher de vous expliquer ce que signifient ces allégories, mais si, dans ces histoires, vous ne voulez voir que des faits réels et des personnages ayant existé, ne prolongeons pas plus longtemps une inutile discussion.

————

CHAPITRE VI

Quelques commentaires sur les Religions et le Christianisme en particulier

En résumé, la religion chrétienne repose entièrement sur :

1º Les livres de l'ancien Testament et tout particulièrement le *Pentateuque*, récit fantastique de la création du monde révélé à Moïse, par Dieu lui-même — Moïse, personnage plus fantastique encore, dont il est impossible de préciser l'existence et dont la vie ne fut pourtant qu'une suite d'événements fabuleux, mais qui néanmoins passa totalement inaperçu aux yeux des historiens contemporains de son épopée.

Nous avons vu au commencement de ce livre que, selon toute probabilité, le *Pentateuque* fut écrit par le grand-prêtre Helquiah, qui le retrouva comme par hasard, au fond d'un coffre, quelque huit cents ans après la mort de son auteur supposé. Puis, nous avons vu le nouveau Testament dont la base même est les quatre Évangiles, nous avons vu ce qu'ils étaient, comment ils tombaient d'accord et la foi qu'on pouvait leur accorder.

Les croyants nous objecteront que les Évangiles sont remplis d'une sublime morale ; qu'ils contiennent des faits qu'un homme seul n'eût pu imaginer et qu'on sent dans la grandeur des maximes qui s'y trouvent, l'inspiration du souffle divin ; La Révélation en un mot.

Sans vouloir méconnaître le caractère élevé de certaines maximes des Évangiles ou des Actes des apôtres, nous prétendons qu'en général, le caractère ne dépasse pas en grandeur le caractère élevé de certains philosophes ayant vécu dans des temps antérieurs au Christianisme. Nous trouvons dans Socrate, dans Confucius, dans les Gymnosophistes indiens des maximes qui ne les cèdent en rien à celles des Évangiles. Mais, du reste, il faut bien le dire, à côté de quelques paroles élevées et sensées, combien d'absurdités ne voyons-nous pas ? Que penser par exemple de ce conseil de donner sa tunique à celui qui vous a pris votre manteau ?

N'est-ce pas un pur encouragement au vol ? — Que dire encore de ce conseil de tendre la joue gauche quand la droite a reçu un soufflet ? N'est-ce pas l'abaissement complet de la dignité humaine au niveau de la brute et l'encouragement manifeste au triomphe des méchants. Une telle doctrine, si elle pouvait triompher, nous conduirait tout droit à l'abolition de la justice et de la répression. Quant un hardi coquin se serait emparé de la moitié du bien d'un honnête homme, il n'aurait plus qu'à se faire connaître et à attendre que sa victime vînt lui apporter l'autre moitié. C'est purement idiot.

La maxime fondamentale même du Christianisme n'échappe pas à la critique. Aimer Dieu par dessus toute chose et son prochain comme soi-même. Il serait facile de démontrer que cette maxime qui, au premier abord, semble quasi-divine est en pratique une véritable utopie et une impossibilité.

Pour l'instant, il nous suffit de montrer que la morale évangélique n'est pas impeccable et qu'elle est souvent absurde ou impraticable.

Si nous passons aux vertus dites théologales, nous trouvons en premier la foi. Or qu'est-ce que la foi ? La croyance aveugle à tout ce que l'Église enseigne ; l'Église se donnant pour infaillible, on juge où cela pourra nous conduire. Si tout le monde possédait la foi, plus de discussions;

car le croyant fidèle faisant abstraction complète de sa raison ne cherche pas plus à comprendre qu'à discuter ; il croit aveuglément tout ce qu'on lui dit, du moment que c'est l'Église qui parle. Mais quelle est donc cette voix de l'Église, sinon celle du Prêtre et qu'est le Prêtre, un mortel faillible comme nous tous ? La Science qui aux yeux du fidèle le rend infaillible, où l'a-t-il puisée ? dans les livres que Dieu a révélés à ses prophètes et c'est parce que c'est la parole de Dieu que le Prêtre nous enseigne qu'il *ne peut* pas se tromper.

Nous voilà donc revenus à la révélation, nous en avons déjà dit quelques mots au chapitre Ier, mais il va falloir y revenir encore.

Il n'est pas une religion qui ne se prétende révélée. Les juifs ont Moïse et les chrétiens Jésus ; les Indiens assurent que Brama lui-même révéla son culte ; les Scandinaves tiennent leurs pratiques religieuses du redoutable Odin. Les Mahométans ont reçu leurs préceptes du Prophète inspiré de Dieu. Ainsi toutes les religions se disent émanées de Dieu lui-même. Toutes interdisent l'usage de la raison pour examiner leurs titres sacrés ; toutes se prétendent vraies à l'exclusion des autres, toutes menacent du courroux divin ceux qui refuseront de se soumettre à leur autorité, enfin toutes ont les caractères de la fausseté par les contradictions palpables dont elles sont remplies ; par les idées bizarres, obscures et souvent odieuses qu'elles donnent de la divinité, par les lois bizarres qu'elles lui attribuent, par les disputes qu'elles font naître entre leurs sectateurs. Enfin toutes les religions de la terre ne nous montrent qu'un amas d'impostures et de rêveries qui révoltent également la raison et le bon sens. Aussi du côté des prétentions, la religion chrétienne n'a aucun avantage sur les autres superstitions dont l'univers est rempli et son origine céleste lui est contestée par toutes les autres avec autant de raison qu'elle conteste la leur.

CHAPITRE VII

Prophéties et Miracles

A la révélation que l'Église nous donne comme preuve indubitable de sa supériorité sur tous les autres cultes, elle en joint deux autres sur lesquelles elle appuie avec non moins de force. Nous voulons parler des prophéties et des miracles.

A en croire nos bons Pères de l'Église, toutes les circonstances de la naissance de la vie et de la mort de Jésus furent annoncées par les Prophètes longtemps avant la venue du Messie.

Disons d'abord que les livres dans lesquels nous pourrions trouver ces soi-disant prophéties sont écrits dans la vieille langue hébraïque qui s'écrivait alors sans voyelles ; c'était la tradition et l'usage qui apprenaient comment il fallait placer les voyelles pour lire et prononcer cette écriture.

Cela est si vrai que les anciens manuscrits de la Bible sont écrits sans points ; c'est-à-dire sans voyelles et que plusieurs exemplaires imprimés sont dans le même cas ; témoins ceux dont les juifs se servent aujourd'hui dans les synagogues. On conçoit aisément combien cela peut produire de différences entre le sens dans lequel les livres ont été écrits et celui dans lequel nous les lisons. Les juifs différant de nous, à cet égard, dans plusieurs passages, nous accusent hautement d'en avoir changé et corrompu le sens, mais nous ne ferons point usage de cet argument qui demande une parfaite connaissance de la langue hébraïque. Nous n'aurons du reste pas besoin d'y recourir pour démontrer la fausseté de la plupart des prophéties dont la religion chrétienne voudrait nous faire croire qu'elle tire de si grands avantages.

Commençons donc par expliquer que ce mot prophète signifie prédicateur ou exhortateur ; c'était en effet la fonction des prophètes. Ils exhortaient le peuple à retourner au culte du vrai Dieu, le menaçaient de châtiments, s'il persistait dans son infidélité, lui promettaient des récompenses s'il rentrait dans son devoir. Ce sont ces promesses et ces menaces faites au hasard et toujours démontrées fausses par l'événement qui passaient pour des prédictions et dont les chrétiens ont imaginé d'en appliquer quelques-unes à Jésus-Christ. Mais il est si vrai que ces promesses et ces menaces étaient souvent sans effet qu'on voit dans Jonas (ch. III, v. 1 et suiv.) qu'il prédit que dans 40 jours Ninive sera détruite ; mais comme cela n'arriva point, il dit que Dieu, touché du repentir des Ninivites, révoqua son décret ; il ajoute ensuite que lui Jonas en murmura contre Dieu (ch. IV, v. 1 et suiv.) et que prévoyant le retour de miséricorde, il s'était sauvé à Tarsis pour éviter le reproche de mensonge.

Jérémie (ch. III, v. 17) promet formellement de la part de Dieu, à Sédécias, qu'il mourra en paix ; cependant, on lui crève les yeux (ch. xxxix, v. 6-7) après avoir égorgé ses deux fils en sa présence. Veut-on une preuve que les Prophètes ayant éprouvé plusieurs fois cette contradiction entre l'événement et ce qu'ils avaient annoncé se ménageaient des excuses au cas où ils se tromperaient ? Ezechiel dit : s'il advient que les Prophètes soient séduits, c'est moi l'Éternel qui l'aurai séduit.

Je crois que c'est bien là une preuve de la méfiance où ils étaient d'eux-mêmes pour ce qu'ils osaient avancer.

La prophétie qui passe pour une des plus authentiques, est celle de Jacob, qui dit (*Genèse*, ch. xL, v. 10) : « Le sceptre ne sortira pas de Juda que le Messie ne soit venu ». Pour faire bien ressortir toute la faiblesse de cette prophétie, il suffit de rappeler quelques-unes des différentes manières dont on a traduit ce passage.

Les uns expliquent que l'autorité sera pour jamais dans Judas, d'autres que le peuple sera dans l'affliction jusqu'à ce que l'envoyé du Seigneur vienne la terminer ; d'autres jusqu'à ce que la ville de Silho soit détruite ; d'autres, l'autorité ne sera plus dans Judas, jusqu'à ce que l'envoyé reçoive dans Silho la puissance souveraine, etc., etc.

On juge par la diversité de ces traductions de l'obscurité qui règne dans le texte, mais prenons-le dans le sens le plus favorable ; cette prédiction, toute vague qu'elle est, se trouve visiblement fausse, car les juifs se sont trouvés plusieurs fois sans chefs et sans rois pendant leurs diverses captivités, et Hérode qui était leur roi lors de la naissance de Jésus, n'était pas de leur nation, mais Iduméen (Josèphe).

Veut-on encore analyser une des plus fameuses prophéties, celle d'Isaïe qu'on oppose à chaque instant aux incrédules ? la voici : Une vierge concevra et enfantera un fils qui sera appelé Emmanuel (ch. vii, v. 14). Saint Mathieu n'hésite pas à la citer comme une prédiction formelle qui regarde Jésus.

Mais peut-être sera-t-on surpris lorsqu'on ira chercher ce passage dans Isaïe et qu'on y trouvera tout autre chose. Voici de quoi il s'agit : Le prophète assure Achaz qu'il n'a rien à craindre des desseins des rois d'Israël et de Syrie, il lui dit, pour signe de la vérité de sa prédiction, que le Seigneur lui est apparu et lui a dit (Isaïe, ch. ix, v. 14) : que sa femme concevrait et enfanterait un fils qui serait nommé Emmanuel et qu'avant que cet enfant fût en âge de discerner le bien d'avec le mal, le pays d'Achaz serait délivré des rois d'Israël et de Syrie. On voit par là combien ce passage a peu de rapport avec la naissance de Jésus-Christ. Plusieurs critiques ont mieux aimé passer cette prophétie sous silence que d'en faire mention, sentant que c'était abuser trop grossièrement de la crédulité des hommes. Mais il y a mieux encore ; saint Mathieu, emporté par son zèle, cite des prophéties qui ne se trouvent à *aucun* endroit de l'Écriture. Il dit (ch. II, v. 23) : Jésus vint habiter à Nazareth afin que cette *prédiction fût accomplie ;* il sera appelé Nazaréen. Cependant cette prophétie ne se trouve *nulle part.* Que doit-on penser de pareilles autorités et ne faut-il pas avouer que ceux qui se sont si fort appuyés sur ces prophéties l'ont fait par ignorance ou par légèreté ?

La fameuse prophétie des soixante-dix semaines de Daniel est encore du nombre de celles dont on a ébloui ceux qui craignent d'entreprendre une discussion trop pénible et qui aiment mieux croire tout, aveuglément, que d'entrer dans le moindre examen. C'est une chose singulière de voir combien certains savants se sont mis l'esprit à la torture pour faire cadrer cette prophétie avec la naissance de Jésus-Christ. Il y a plus de cinquante opinions sur ce sujet sans qu'aucune puisse satisfaire l'esprit le moins difficile. Ce qu'on peut dire de plus vrai du passage que contient cette prophétie, c'est qu'il a été visiblement ajouté au texte de Daniel pour faire croire aux Juifs que Jonathas était le Messie ou l'envoyé de Dieu, c'est-à-dire un conducteur qui devait les faire triompher de tous leurs ennemis ; il n'y a qu'à lire ce qui précède et ce qui suit immédiatement cette prétendue prophétie pour voir clairement qu'elle a été ajoutée, et pour peu qu'on veuille examiner avec attention et bonne foi la chronologie de ces temps, on trouvera que les soixante-dix semaines finissent précisément au temps de Jonathas Macchabée, c'est-à-dire environ 130 ans avant Jésus-Christ.

Du reste, il est à remarquer qu'aucun évangéliste n'a imaginé de se servir de cette prédiction, quoiqu'ils connussent parfaitement Daniel, qu'ils ont cité. Saint Mathieu n'a eu garde d'en parler, parce qu'il était trop manifeste alors que le temps qu'il désignait était expiré depuis plus d'un siècle. Par la même raison, les Pères de l'Eglise n'en ont pas parlé et ce n'est que depuis qu'un éloignement plus considérable a augmenté l'obscurité de ces temps reculés qu'on a imaginé différents systèmes pour l'accommoder à la naissance de Jésus-Christ.

Ce que nous venons de dire au sujet des Prophéties montre la valeur qu'on peut leur attribuer, encore est-il à remarquer que nous n'avons combattu que les plus importantes, celles qui, suivant l'Eglise, ne pouvaient laisser aucune prise à la critique, et qu'elle nous donne comme intégralement accomplies. Nous aurions pu en citer nombres d'autres qui ne se trouvent en aucun endroit des Écritures, ou que la simple lecture des textes dément catégoriquement, mais cette critique eût été trop aisée et nous préférons passer de suite à la curieuse question des miracles.

D'abord quelle preuve peut-on en tirer en faveur de la religion chrétienne? Premièrement, de quelle autorité sont-ils revêtus? Esdras nous atteste la vérité de ceux de l'Ancien Testament, puisqu'il nous assure que c'est Dieu lui-même qui lui a dicté les livres saints et sa mémoire lui a été fidèle. Enfin, de ce que tous ces livres soient des auteurs dont ils portent le nom, quoique le contraire ait été démontré plus haut, que peut-on en conclure?

C'est Moïse lui-même qui nous raconte les miracles qu'il a faits. Devons-nous le croire aveuglément? Mais, dira-t-on, ils ont été faits aux yeux de tout le peuple. Qui nous le dit? Ce même Moïse, et je ne veux pour le convaincre d'imposture que lui même et que le récit naïf qu'il nous fait des infidélités continuelles de ce même peuple, qui sans doute n'aurait pas été assez aveugle et assez obstiné pour résister à des signes aussi visibles de la volonté de Dieu. Mais, ajoute-t-on, Dieu endurcissait leur cœur et les rendait sourds à sa voix.

Peut-on, sans horreur, entendre un pareil discours? Quoi! Dieu choisit dans tout l'univers un peuple auquel il veut donner des marques particulières de sa bonté, il interrompt pour lui à chaque instant l'ordre de la nature par les miracles les plus éclatants, et, en même temps, il le force à une ingratitude involontaire en endurcissant son cœur et en éteignant jusqu'aux moindres lumières de son esprit. C'est en vérité donner à la divinité les sentiments du plus méchant et du plus extravagant de tous les hommes. Qui est-ce donc qui nous force à recourir à un si étrange paradoxe? Un anonyme qui nous raconte des faits extraordinaires.

Les miracles de Josué sont-ils plus dignes de foi? Les murs de Jéricho renversés par le son des trompettes, le soleil arrêté au milieu de sa course, sont des événements dignes de l'attention de tous les hommes, mais si nous ne les apprenons que par l'auteur inconnu du livre de Josué, si même nous n'avons ce livre que par la copie qu'Esdras en a faite *de mémoire*, sera-t-il raisonnable de croire ces prodiges sur de pareils témoignages?

On sent assez que la même chose peut se dire de tous les miracles de l'Ancien Testament.

Nous sommes arrivés à ceux de Jésus-Christ, c'est-à-dire aux miracles du Nouveau Testament.

Des hommes obscurs, ignorants, dont on connaît à peine les noms, sans qu'on sache le temps auquel ils ont écrit, nous ont laissé la *Vie de Jésus*, ces hommes, sur une quantité de détails et même de faits très importants, se contredisent entre eux d'une façon flagrante, nous l'avons prouvé plus haut. C'est sur ces témoignages qu'il va nous falloir croire aux miracles qu'ils racontent : le soleil obscurci miraculeusement, les sépulcres ouverts, la morte ressuscitée, un astre brillant (l'étoile des bergers) prenant dans le ciel une route nouvelle, etc.

Mais, voyons d'abord, sur la question des miracles de Jésus, l'opinion de Renan qu'on n'accusera pas d'être un outrancier et qui voit dans Jésus un être presque divin, nous dirions presque un demi-Dieu.

« Deux moyens de preuve : les miracles et l'accomplissement des prophéties pouvaient seuls, d'après l'opinion des contemporains de Jésus, établir une mission surnaturelle. Jésus et *surtout ses disciples* employèrent ces deux moyens de démonstration avec une parfaite bonne foi... L'École chrétienne, peut-être même du vivant de son fondateur, chercha à prouver que Jésus répondait parfaitement à ce que les prophètes avaient prédit du Messie. Dans beaucoup de cas ces rapprochements étaient tout extérieurs et *sont pour nous à peine saisissables*. C'étaient le plus souvent des circonstances fortuites ou insignifiantes de la vie du Maître, qui rappelaient aux disciples certains passages des *Psaumes* et des *Prophètes*, où, par suite de leur constante préoccupation, ils voyaient des images de ce qui se passait sous leurs yeux. L'exégèse du temps consistait ainsi presque toute en jeux de mots, en citations avancées d'une façon artificielle et arbitraire.

« La Synagogue n'avait pas une liste officiellement arrêtée des passages qui se rapportaient au règne futur. Les applications messianiques étaient libres et constituaient des artifices de style bien plutôt qu'une sérieuse argumentation.

« Quant aux miracles on les tenait à cette époque pour la marque indispensable du divin et pour le signe des vocations prophétiques. Les légendes d'Élie et d'Élisée en étaient pleines. Il était reçu que le Messie en ferait beaucoup. A quelques lieues de Jérusalem, à Samarie, un magicien nommé Simon se créait, par ses prestiges, un rôle presque divin. Plus tard, quand on voulut fonder la vogue d'Apollonius de Tyane et prouver que sa vie avait été le voyage d'un dieu sur la terre, on ne crut pouvoir y réussir qu'en inventant pour lui un vaste cycle de miracles. Les philosophes alexandrins eux-mêmes, Plotin et les autres, sont censés en avoir faits. Jésus, par conséquent, dut choisir entre deux partis, ou renoncer à sa mission ou devenir thaumaturge (1). »

De ces lignes il résulte que Jésus-Christ ou ses disciples eurent *besoin* de faire des miracles, parce que cela rentrait dans les habitudes de l'époque, pour tout homme se donnant comme inspiré ou envoyé de Dieu. Jésus, qu'on veut toujours nous donner comme un personnage extraordinaire de son époque, ayant bouleversé le monde par la puissance de sa parole, fut obligé, comme un simple Simon le magicien, d'appuyer ses prédications par des faits miraculeux destinés à frapper l'imagination des masses. Nous en concluerons donc que sa parole prestigieuse n'avait pas le don, plus que celle des autres prophètes, d'émouvoir le peuple et de l'amener à la croyance aveugle. Jésus usa donc comme les autres de la magie des miracles.

On sait quels furent les principaux ; ils ne dépassent pas en prestige la moyenne de ce qui se faisait, en fait de miracles, à cet époque ou auparavant. Ce n'est pas le miracle de Cana : l'eau changée en vin, qui n'est qu'une réédition de la cérémonie des cruches remplies de vin qui se pratiquait dans les temples de Bacchus, ce n'est pas ce miracle, disons-nous, qui nous fera changer d'avis. Quant aux morts ressuscités, aux paralytiques ou aux aveugles guéris, Tite-Live et Valère Maxime firent cent prodiges opérés à la vue de tout un peuple ; Vespasien guérit un aveugle et un boiteux en présence *de tout le peuple* d'Alexandrie. Apollonius de Thianes dont nous parlait Renan tout à l'heure, fit aux yeux des Romains beaucoup plus de miracles que Jésus. Il remplit la Grèce, l'Italie, l'Egypte, la Judée de son nom ; il désigna à Ephèse le moment où Domitien fut tué à Rome. Il ressuscita lui-même, en présence de l'armée, et non aux yeux de quelques disciples. Il se montra à l'empereur Aurélien et le força à lever le siège de Thianes. Maxime, Macagène et Daunis, trois disciples, recueillirent les preuves de tous ces prodiges dont ils furent témoins oculaires, et Philostrate, par ordre de l'empereur, en fait l'histoire.

Les miracles de Jésus-Christ sont-ils plus éclatants, sont-ils revêtus de témoignages plus authentiques ? Nous laissons au lecteur le soin de se prononcer. Nous n'ajouterons

---

(1) Renan, *Vie de Jésus*.

qu'un mot : toutes les religions se disent révélées, toutes les religions ont eu leurs miracles. Le prophète fit des miracles qui eurent le don de convertir des milliers d'infidèles. Ceux de Jésus-Christ n'eurent pas le don d'émouvoir les Juifs, et, malgré toutes les tentatives qu'il fit dans ce sens, les Juifs n'hésitèrent pas à le condamner comme imposteur et à le mettre à mort.

Si de nos jours un homme se révélait qui ressuscitât les morts, guérît les infirmes, rendît la vue aux aveugles, et qui, après avoir accompli ces prodiges devant une foule assemblée, se déclarât hautement le fils et l'envoyé de Dieu lui-même, si tous ces faits extraordinaires étaient bien contrôlés, vérifiés par des sommités de toutes les sciences et de toutes les croyances, se trouverait-il un tribunal et des juges pour réclamer la mort d'un pareil homme ? La question n'a même pas besoin d'être posée, la réponse vient d'elle-même. Pour que les Juifs demeurassent aussi incrédules, il fallut que les soi-disant miracles de Jésus fussent bien insignifiants. Du reste, ils ne convainquirent personne, pas même saint Paul, qui devint pourtant le plus ardent des disciples du maître. Il lui fallut longtemps après un nouveau miracle pour allumer en lui le flambeau de la foi.

De quel droit voudrait-on nous faire croire aujourd'hui des merveilles qui n'étaient pas convaincantes du temps des apôtres, c'est-à-dire très peu de temps après l'époque où elles furent accomplies ?

Du reste, pour tout homme sensé, il est bien évident qu'il n'y a pas et qu'il ne peut y avoir de miracles dans le sens qu'on voudrait attribuer à ce mot.

Rendre la vue à un aveugle, guérir un paralytique, ramener même un être que l'on croit mort à la vie, ne constitue pas à vraiment parler un miracle. Un miracle serait un fait bouleversant complètement les lois immuables de la nature.

Le fait de Josué arrêtant le soleil, s'il était possible, constituerait un *véritable miracle*, car ce serait un bouleversement dans les lois de la nature. Si un des naïfs qui se plongent dans la piscine de Lourdes y entrait avec une jambe de bois et en ressortait avec un membre en chair et en os, nous crierions au véritable miracle. Mais les faits que nous citons plus haut : guérison des aveugles ou paralytiques constituent tout au plus une guérison extraordinaire plus ou moins consciencieusement opérée, mais qui, en admettant qu'elle soit réelle, peut très bien s'expliquer pathologiquement.

Tant qu'on n'aura pas soumis un miracle à l'examen d'une commission de savants de toutes religions, qu'il n'aura pas été

accompli au grand jour et devant une foule assemblée, nous
n'y verrons qu'un tour de passe-passe plus ou moins habile,
ou une guérison extraordinaire, comme il s'en produit tous
les jours par les phénomènes hypnotiques.

Voudra-t-on nous donner pour miracles les visions plus ou
moins sincères de quelques petites bergères hallucinées, dont le
cerveau en délire croit voir dans les branches d'un arbre quelconque une vierge à la robe étincelante tenant un enfant
Jésus dans les bras? Ce sont là des enfantillages bons pour
les vieilles dévotes et les petits enfants, dont les prêtres sa-
vent tirer un parti merveilleux pour faire élever des chapelles luxueuses où les bons fidèles verseront leurs oboles
pour l'entretien du culte et... celui des bons Pères qui cul-
tivent leur naïveté.

CHAPITRE VIII

Examen rétrospectif

Avant de passer à l'examen détaillé du christianisme et
d'en expliquer les allégories, jetons un coup d'œil en arrière
et résumons les faits que nous venons de passer en revue.

Notre but étant de prouver que le christianisme n'est que
le culte rendu au soleil et que Jésus-Christ lui-même n'est
que l'astre du jour fait homme-Dieu; nous avons commencé
par étudier les livres dans lesquels les intéressés croient voir
les origines et les causes ayant amené la nécessité de la venue d'un sauveur pour l'humanité.

D'après les Ecritures, les faits sont présentés de telle façon que le premier homme créé ayant commis une faute,
bien légère cependant, toute l'humanité fut rendue respon-
sable, et punie de façon terrible par Dieu auteur de cette
tentation, qu'il voulut et laissa provoquer ; mais, comme pris
de remords, il trouve comme moyen de réparation à ce cruel
châtiment infligé à son humanité, d'envoyer son fils (qui n'est
autre que lui-même) au milieu des hommes pour leur porter
le moyen de se racheter ou de *réparer* leur première erreur.
En récompense de ce sublime sacrifice, les hommes commet-
tent un crime mille fois plus monstrueux que la première
faute, un déicide, et Dieu, qui connaissait évidemment et
d'avance tous ces événements, se déclare satisfait.

La partie des Écritures que nous étudions tout spécialement est la Vie du Réparateur de la Faute qui nous est donné comme le fondateur de la religion qui porte son nom : le Christianisme.

Nous allons essayer de prouver que c'est *sa religion* qui *l'a créé*, c'est-à-dire qu'on a voulu en faire un homme Dieu et non *lui qui a créé* sa religion.

Au commencement de cet ouvrage, nous avons montré la foi qu'on pouvait avoir dans les textes anciens quand ils prétendent nous donner pour des *faits réels* les narrations sur les origines du monde. Si l'on prend Adam et Ève pour des personnages *réels*, l'histoire du serpent d'Ève et de la pomme devient de la féerie, nous nageons en plein rêve, et pour donner à tous ces personnages une apparence de sérieux, on sera obligé de se mettre l'esprit et de mettre les textes eux-mêmes à la torture. Mais si au lieu de s'acharner à voir des réalités, on veut y voir ce qu'il y a réellement, c'est-à-dire des allégories, tout alors deviendra simple. On comprendra que le ou les auteurs des livres de l'ancien Testament ont tout simplement emprunté leurs histoires à des religions bien antérieures à la leur en les modifiant un tant soit peu.

L'arbre de vie ou de la science du bien et du mal est une vieille histoire empruntée à la Cosmogonie des Perses qui croyaient à la lutte perpétuelle du bien et du mal personnifiés en deux divinités, qui deviennent pour les écrivains du *Pentateuque* Dieu et le Diable. Les Perses les appelaient Ormuzd et Ahriman, nous en avons déjà parlé au chapitre III de cet ouvrage.

La *Faute*, c'est le mal introduit dans la Nature par le mauvais Génie qui répand le froid, les ténèbres et la mort partout.

Le Réparateur, le sauveur, sera le dieu bon qui ramènera la chaleur, la lumière et la vie.

Ne pressent-on pas déjà le rôle de Jésus-Christ, le sauveur du monde ? Le Réparateur du mal ? Est-ce que saint Jean ne l'appelle pas *la lumière* du monde ? Or si le mal, c'est le froid, les ténèbres et la mort, le soleil bienfaisant ne représente-t-il pas *la lumière* et la vie ? N'est-ce pas là tout le rôle de Jésus-Christ et l'image frappante de sa vie ? Nous avons prouvé que toute l'histoire du Christianisme reposait sur ce seul fait : la réparation par Jésus-Christ du mal introduit dans l'univers par le serpent qui séduisit le premier homme et la première femme

En prenant ces faits pour des réalités, on tombe en plein

dans l'absurde. Mais en les prenant pour des allégories, on peut les discuter, en rechercher l'origine et prouver que Jésus-Christ, réparateur du mal introduit dans la nature, n'est autre que *le soleil* renaissant au printemps *et réparant* le mal causé par le froid et les ténèbres de l'hiver.

Nous avons vu de quelles obscurités est entourée la vie de Jésus ; nous avons analysé les textes qui nous parlent de son existence en tant qu'homme. Dès qu'on aborde ce sujet, tout s'efface ou s'estompe. Rien de précis n'est possible. Aucun écrivain, aucun historien contemporain de son existence, de ses miracles, des phénomènes qui ont soi-disant accompagné sa naissance et sa mort, n'a pu nous laisser quelque écrit précis. Ceux qui nous parlent de lui le font longtemps après sa mort et semblent lui donner peu d'importance.

Ses partisans dévoués, les évangélistes, ne peuvent s'accorder entre eux pour nous narrer les faits les plus saillants de l'existence de leur maître. Les contradictions les plus flagrantes sont relevées dans leurs ouvrages. Bien plus, la paternité de ces ouvrages est sérieusement contestée aux auteurs dont ils portent les noms. Pour certains, il est indiscutable qu'ils ne sont pas de la main de ceux dont ils sont signés.

De tous ces faits que concluerons-nous ? C'est que, pour notre thèse, s'il a existé un homme du nom de Jésus, que cet homme ait prêché, ait même recruté une petite troupe de disciples, cela est très possible, mais en tous cas n'a aucune importance pour notre démonstration. Il a existé des prophètes, des magiciens, dont la vie fut bien autrement marquante que celle de Jésus et dont l'existence est indiscutablement établie. Ce que nous nions, c'est l'existence d'un Jésus-Christ dont la vie put bouleverser à une certaine époque les croyances établies, la vie d'un Jésus-Christ dans lequel on croyait voir le fondateur de la religion nouvelle et le sauveur de l'humanité. Si Jésus-Christ a existé, ce fut un *anarchiste* de son époque que ses théories et ses allures intransigeantes mirent à l'index des autorités établies et qui, avec la facilité et le sans gêne employés alors, ne trouvèrent de meilleur moyen de s'en débarrasser qu'en le mettant à mort. Au moment où ce crime fut accompli, il n'eut aucun retentissement et la mort de Jésus n'eut pas plus d'importance à l'époque où elle eut lieu que n'en aurait eu l'exécution de quelque révolté contre les pouvoirs aujourd'hui établis. Ce ne fut que longtemps après sa mort que les légendes sur la vie et la prétendue mission de Jésus prirent un corps et une tournure assez complètes. D'orales qu'elles étaient, les légendes sur la vie du Christ commencèrent à trouver des historiens qui les écrivirent.

L'apologie des faits fut faite dans ceux des écrits multiples où chaque écrivain racontait, en les amplifiant ou en les modifiant suivant ses sensations personnelles, tout ce qu'il savait, ou avait entendu raconter sur la vie du Messie. De là, cette quantité d'évangiles qui parurent dans les premiers siècles du Christianisme. On en compta plus de cinquante, mais, naturellement, ils ne concordaient en rien entre eux et présentaient des dissemblances tellement choquantes que les Pères de l'Église naissante durent prendre le parti de faire un triage des plus sérieux et ce fut le Concile de Nicée qui opéra cette sélection de la façon dont nous l'avons raconté précédemment. On n'en garda que quatre qui furent admis comme les *seuls* révélés. Nous avons relevé ce qu'ils contenaient de contradictions et d'erreurs, nous ne reviendrons pas sur ce sujet.

Nous avons déjà dit que l'auteur du récit juif de la création avait copié l'auteur de la Cosmogonie des Perses bien antérieure au judaïsme. La cosmogonie perse nous dit qu'Ormuzd, le bon Principe, avait placé l'homme dans un lieu de délices appelé Eiren; elle nous apprend ensuite qu'Ahriman ou le mauvais Principe fit dans le fleuve la grande couleuvre mère de l'Hiver, qui répandit le froid dans l'eau, dans la terre et dans les arbres.

Il est bien évident qu'il ne s'agit ici que d'un mal physique et périodique dont la terre éprouve tous les ans les atteintes par la retraite du soleil, source de vie et de lumière pour tout ce qui habite notre globe. La grande couleuvre ou serpent que ramène l'hiver est, comme la Balance, une des constellations du Zodiaque placée sur les limites qui séparent l'empire des deux principes, c'est-à-dire ici sur l'équinoxe d'automne. Voilà le véritable serpent dont Ahriman, mauvais principe ou le Diable, prend les formes dans la fable des Mages; comme dans celle des Juifs, pour introduire le mal dans le monde. C'est l'esprit malin qui, sous la forme du serpent, converse avec la première femme et l'entraîne à faire fauter l'homme.

On ne dit pas, il est vrai, chez les Juifs, que le serpent *amena* l'hiver, mais on dit que l'homme après la faute sentit le besoin de se couvrir et qu'il fut réduit à labourer la terre, opération qui répond bien *à l'automne*. On ne dit pas non plus que ce fut au septième mille ou sous le septième signe qu'arriva ce changement dans l'état de l'homme, mais on divise l'action du bon principe, c'est-à-dire la création du monde, en six temps ou jours, et c'est au septième que l'on place le repos du Créateur, ainsi que la chute de l'homme, dans la saison des fruits. On fixe le lieu de la scène dans les contrées mêmes, comprises sous le nom d'Eiren ou d'Iran et vers les sources des grands fleuves, de l'Euphrate, du Tigre, du Phison ou de l'Araxe, seulement au lieu d'Eiren les copistes hébreux ont mis Eden. Il est vrai que les deux lettres R et D en langue hébraïque sont tellement ressemblantes qu'on a pu les confondre. On ne se sert point dans la *Genèse* hébraïque de l'expression millésimale qui est employée dans celle des Perses, mais la *Genèse* des anciens Toscans, conçue dans les mêmes termes pour le reste que celle de Hébreux, a conservé cette dénomination allégorique des divisions du temps durant lequel s'exerce l'action toute puissante du soleil, âme de la nature.

Nous le demandons en toute sincérité pour l'homme qui veut se servir de son intelligence et qui n'a pas de parti pris d'avance, est-il possible de trouver une plus parfaite concordance d'évenements que n'en présentent entre-elles la Cosmogonie des Perses et la Genèse des Hébreux ? Or il est de toute évidence que les Perses n'ont fait que nous décrire les grands phénomènes de la Nature qui sont la succession des saisons. En créant deux divinités : Orsmuzd et Ahriman, le Bien et le Mal, en lutte perpétuelle et tour à tour vainqueurs l'un de l'autre, ils nous ont décrit sous une forme imagée écrite avec l'esprit imaginatif et si ardent des Orientaux deux phénomènes absolument naturels. Ces phénomènes ont été déifiés comme il était de coutume de déifier toutes les forces de la nature dans les fables mythologiques. Nous avons montré l'identité de la *Genèse* hébraïque avec celle des Perses. Si la *Genèse* des Perses est une fable allégorique, celle des Hébreux qui n'en est que la copie doit en être forcément une autre. Il s'agit donc de préciser le plus possible les points de ressemblance.

Nous en avons montré déjà beaucoup, mais en voici encore de plus précis : Un des plus grands évenements mentionnés par la *Genèse* comme un fait absolument spécial résultant de la colère de Dieu contre l'humanité est certainement le Déluge soi-disant universel. Il semblerait au premier abord que cet évenement soit bien un fait réel dont Moïse aurait été le seul narrateur. Le lecteur va juger s'il peut l'admettre ainsi.

Il faut d'abord reconnaître que présenté comme il l'est par la *Genèse* le déluge est un tissu d'impossibilités physiques et morales, mais dans la discussion que nous soutenons, il ne suffit pas d'affirmer, il faut prouver. Disons d'abord qu'il faut être initié à la doctrine astrologique des anciens pour deviner ce genre de logogriphe et pour savoir qu'en général tous les *déluges* mentionnés par les Juifs, les Chaldéens, les Grecs, les Indiens comme ayant détruit le monde sous Ogygès, Inachus, Deucalion Xisuthrus, Saraviatra sont un seul et même événement physico-astronomique que se répète encore tous les ans et dont le principal merveilleux consiste dans le langage métaphorique qui servit à l'exprimer. Dans ce langage, le grand *cercle* des Cieux s'appelait *mundus*, dont l'analogue *mondala* signifie encore cercle en sanscrit; l'orbis des latins en est synonyme. La révolution de ce cercle par le soleil composant l'année de douze mois fut appelée orbis, le monde, le cercle céleste. Par conséquent, à chaque douze mois, le monde finissait et le monde recommençait; le monde était détruit et le monde se renouvelait. L'époque de cet événement remarquable variait selon les peuples et selon leur usage de commencer l'année à l'un des solstices ou des équinoxes; en Egypte, c'était au solstice d'été. A cette époque le Nil donnait les premiers symptômes de son débordement et durant quarante jours les eaux couvraient *toute la terre* d'Egypte à 15 coudées de hauteur. C'était et c'est encore un océan, un déluge. C'était un déluge destructeur dans les premiers temps, avant que la population civilisée et nombreuse eût desséché les marais, élevé des digues et surtout avant que l'expérience eût appris l'époque du débordement. Il fut important de la connaître, de la prévoir; l'on remarqua les étoiles qui alors paraissaient le soir et le matin à l'horizon. Un groupe de celles qui coïncidaient fut appelé le *navire* ou la *barque*, pour indiquer qu'il fallait se tenir prêt à *s'embarquer*, un autre fut appelé le *chien* qui *avertit*, un troisième avait le nom de *corbeau*, un quatrième de *colombe* (1); un cinquième s'appelait le *laboureur*, le *vigneron*; non loin de lui était la femme (la vierge céleste); tous ces personnages qui figurent dans le déluge de Noé et de Xisuthrus sont encore dans la sphère céleste, c'était un vrai tableau de calendrier dont les textes ne sont que la description plus ou moins fidèle. Au moment du solstice et au début de l'inondation, la planète de Kronos ou de Saturne, qui avait son domicile dans le Cancer, ou plutôt le *génie ailé*, gouverneur de cette planète était censé avertir l'homme ou le laboureur de s'embarquer, il avertissait pendant la nuit

_____

(1) En Egypte, ces oiseaux ne quittent pas la maison pendant que le sol est couvert d'eau; quand ils s'absentent, c'est le signe qu'ils trouvent à vivre et que la terre se découvre.

parce que c'était le soir ou la nuit que l'astre était consulté. Le calendrier égyptien et leur science astrologique ayant pénétré dans la Grèce encore sauvage, ces tableaux non appropriés au pays y furent mal compris et y devinrent des fables mythologiques. Enfin, plus tard, les physiciens ayant étendu leurs connaissances géographiques et ayant constaté que l'hémisphère du nord était comme noyé de pluies dans l'intervalle hibernal des deux équinoxes, il en résulta que l'idée et le nom de déluge furent appliqués au semestre d'hiver, tandis que le nom d'incendie fut donné au semestre d'été, ainsi que nous l'apprend Aristote. De là une nouvelle variante adoptée par l'écrivain juif, lorsqu'il fait durer la pluie près de six mois exactement cent cinquante jours après avoir dit qu'elle n'en dura que quarante.

« Tout le récit de la *Genèse* est un véritable drame moral, une leçon de conduite que donne au peuple un législateur religieux, un prêtre, tandis que le récit chaldéen d'où il est tiré conserve un caractère astrologico-mythologique comme il a fait pour les personnages de la création, Adam et Eve, qui ne furent que des êtres fictifs astrologiques et mythologiques. L'écrivain qui en a fait des personnages vécus a voulu faire du drame du déluge un événement également vécu. Sous ce rapport on pourrait l'attribuer à Moïse, mais le mot Elahïm (les dieux) qu'on a traduit bien à tort au singulier par Dieu ne saurait se concilier avec l'Unité dont Moïse fait la base de sa théologie. Si le Dieu de Moïse est Iahouh (Jehovah), on ne voit jamais que ce nom dans ses lois et dans les écrits de ses purs sectateurs, tels que Jérémie. Pourquoi l'expression Elahïm (les dieux) se trouve-t-elle si souvent et presque uniquement dans la *Genèse ?* Par la raison que le monument est chaldéen et parce que dans le système chaldéen, comme dans la plupart des théologies asiatiques, ce n'est pas un Dieu seul qui créait, c'étaient *les dieux*, ses ministres, ses anges, et spécialement les décans, les génies des douze mois qui créèrent chacun une partie du monde (le cercle de l'année). Le grand-prêtre Helquiah qui, comme nous l'avons déjà dit, est, selon toute probabilité, l'auteur de la *Genèse*, n'a pas osé en empruntant cette cosmogonie y changer une expression fondamentale qui peut-être avait cours chez les Hébreux depuis leurs relations avec les Syriens, il est même possible qu'il n'ait rien ajouté de son chef à ce texte, quoique les animaux purs (selon la loi) et le nombre sept indiquent une main juive avec d'autant plus de raison que le nom de Iahouh y est joint (1). »

(1) Volney : *Recherches nouvelles sur l'histoire ancienne.*

Voilà donc le déluge ramené à ses véritables proportions et surtout à son origine réelle. Après ce que nous venons d'expliquer, il n'est pas possible de douter que le récit de la *Genèse* n'est qu'une pure copie d'un fait astrologique qu'on a personnifié. Nous pourrions montrer que l'histoire de la fameuse tour de Babel a été tirée d'un ouvrage trouvé dans la bibliothèque d'Arsbak 80 ans après Alexandrie.

Nous pourrions prouver que le patriarche Abraham est un être mythologique, fictif, allégorique et qu'il n'est que le génie personnifié d'une planète. Dans l'habitude où nous sommes de regarder Abraham comme un homme, il est choquant au premier aspect de dire que cet homme n'a pas existé. Cependant tel est le cas d'une foule de prétendus rois, princes et patriarches des anciennes traditions de l'ouest. Nous avons déjà fait cette remarque à propos des dieux de la mythologie grecque, Jupiter, Neptune, etc. Qui ne croirait qu'Hermès a été un sage, un philosophe, un astronome éminent chez les Égyptiens? et néanmoins, Hermès analysé n'est que le génie personnifié tantôt de l'astre Syrius, tantôt de la planète Mercure; qui ne croirait que chez les Indiens les sept richis ou patriarches ont été de saints pénitents qui ont enseigné aux hommes des pratiques dévotes encore subsistantes, et cependant les sept richis ne sont que les génies des sept étoiles de la constellation de l'Ourse réglant la marche des navigateurs et des laboureurs qui la contemplent. Du moment que par la métaphore naturelle de leurs langues, les anciens orientaux eurent personnifié les corps célestes, l'équivoque introduisit un désordre d'idées qui s'accrût de jour en jour, et par l'ignorance d'un peuple crédule, superstitieux, et par l'usage mystérieux, énigmatique qu'en firent les initiés à la science et par la tournure poétique que lui donnèrent des écrivains à imagination. Il ne faudrait donc pas s'étonner si Abraham roi, patriarche et astrologue chaldéen analysé dans ses actions et son caractère, ne fut que le génie d'un astre ou d'une planète.

Mais, dira-t-on, si l'histoire d'Abraham n'est réellement qu'une légende astrologique comme celle d'Osiris, d'Hermès, de Ménou, etc., l'histoire de son fils Isaac, de son petit-fils Jacob, et même des douze fils de celui-ci, tombera dans la même catégorie; alors où s'arrêtera la mythologie des Hébreux, à quelle époque commencera leur histoire véritable, et comment expliquerez-vous la tradition immémoriale depuis laquelle ils sont appelés enfants de Jacob, d'Israël et d'Abraham?

Ces difficultés puisent leur solution dans la nature même

des choses, elles peuvent s'appliquer aussi bien à la théorie de la non-existence de Jésus-Christ que nous soutenons; mais de ce que Jésus-Christ n'a pas existé, du moins, comme nous le peignent les écritures; il n'en est pas moins évident que le christianisme a eu des sectateurs commençants, des martyrs, des confesseurs convaincus, etc., qui furent pour ainsi dire les véritables apôtres du Maître. Tous ces convaincus opérèrent en s'inspirant de l'*esprit* que la légende avait créé à leur Maître, mais non pas en s'inspirant de l'esprit du Maître lui-même, car cet esprit fut quelconque, s'il exista jamais et c'est la légende *seule* qui l'amplifia, le grandit et l'auréola comme on le fit dans les Écritures. Prenons un exemple bien moderne pour montrer ce que fait la légende. Tout le monde connaît la réponse si énergique du général Cambronne quand les Anglais le sommèrent de se rendre, à Waterloo. Le mot, vrai ou faux, en tous cas bien possible, a été immortalisé par Victor Hugo. Or la légende nous raconte une phrase savante et qu'un homme dans le feu d'une lutte acharnée eût été bien embarrassé de prononcer en admettant que l'idée lui en vint : « La garde meurt, mais ne se rend pas ! » Les paraboles, les maximes de Jésus-Christ, du moins pour la plupart, sont, à notre avis, à peu près dans le même cas, un mot répété qu'on attribua à Jésus devint une parabole magnifique; son origine a peut-être eu la même ressemblance qu'on trouve entre le mot de Cambronne et la phrase qu'on lui prête.

Mais pour en revenir à la véritable histoire des Hébreux, disons d'abord qu'il est dans le génie des langues arabiques, dont l'hébreu est un dialecte, que les habitants d'un pays, les partisans d'un chef, les sectateurs d'une opinion soient appelés *enfants* de ce pays, de cette opinion, de ce chef ; c'est le style habituel de tous leurs récits, de toutes leurs histoires.

Chez les anciens, comme chez les modernes, un usage presque général fut que chaque peuple, chaque tribu, chaque individu eût un patron, et ce patron fut le génie d'un astre, d'une constellation ou d'une puissance physique quelconque, tous les clients ou sectateurs de cette divinité tutélaire étaient appelés et se disaient ses enfants. La Grèce dans ses origines soi-disant historiques, offre de nombreux exemples de ce cas. L'origine des anciens peuples est généralement obscure, comme celle de tous les êtres physiques, parce que ce n'est qu'avec le temps que ces êtres, d'abord petits et faibles, font des progrès et acquièrent un volume ou une action qui les font remarquer.

D'après ces principes, combinant les récits divers sur les

Hébreux avec les faits avérés, nous pensons que ce peuple dérive d'une secte ou tribu chaldéenne qui pour des opinions politiques ou religieuses, émigra de gré ou de force de la Chaldée et vint, à la manière des Arabes, camper sur la frontière de Syrie, puis sur celle de l'Egypte, où elle trouvait à subsister. Ces étrangers durent être appelés par les Phéniciens Eberim, c'est-à-dire gens d'au-delà, parce qu'ils venaient d'au-delà du grand fleuve (Euphrate) et encore beni Abram et beni Israël, enfants d'Abram et d'Israël, parce que Abram et Israël étaient leurs divinités patronales. Ce que l'*Exode* raconte de leur servitude sous le roi d'Héliopolis, et de l'oppression des Egyptiens, leurs hôtes, est très vraisemblable ; là commence l'histoire ; tout ce qui précède, c'est-à-dire le livre entier de la *Genèse* n'est que mythologie et cosmogonie.

Ces remarques permettent au lecteur de constater qu'avec un peu de perspicacité, il n'est pas impossible de démêler du fatras que nous offrent les livres anciens les limites de l'histoire et de la légende qui s'y trouvent si souvent confondues et mélangées. Quoiqu'il en soit, nous pouvons dès maintenant dire que le prologue du drame chrétien est bien établi. Tout ce que nous avons écrit jusqu'à présent peut se résumer en un titre général qui sera : la Chute ou la Faute ; l'histoire de la religion chrétienne constitue ce qui peut se résumer dans cet autre mot : La Réparation.

Le Christianisme, en effet, ou la religion du Christ, c'est le dogme de la Réparation. Jésus-Christ n'est venu sur terre que pour réparer les maux occasionnés par la faute du premier couple humain. Sans cette faute, la venue du *Sauveur* n'a plus de raison d'être ; sa mission de Réparateur et de rachat du grand crime humain est une mystification.

Jusqu'ici nous nous sommes attachés à démontrer que la faute du premier homme n'était qu'une allégorie. Si nous avons réussi à jeter une certaine lumière sur ces faits, si nous avons eu la chance d'éclairer quelque peu le lecteur, pour ceux qui auraient encore quelques doutes, nous allons essayer d'achever notre œuvre en montrant que Jésus-Christ a tous les caractères du réparateur du mal physique introduit dans la nature. Nous avons conclu que la réparation d'une faute allégorique, ne pouvait être qu'une allégorie elle-même. Nous allons prouver qu'elle l'est effectivement et que le réparateur est l'être physique qui doit rétablir le désordre physique ; que ce réparateur réunit bien tous les caractères mystérieux de Jésus-Christ qui ne peuvent s'expliquer que par lui et ne conviennent qu'à lui seul.

DEUXIÈME PARTIE

LA RÉPARATION

CHAPITRE IX

LES FÊTES CHRÉTIENNES

Noël

Nous avons déjà indiqué que le grand réparateur des maux physiques de la nature, devait être le soleil qui, au printemps, rend au jour son empire sur les ténèbres qu'avait étendues sur la terre le serpent d'automne.

C'est le soleil bienfaisant qui revêt nos campagnes du feuillage et des fleurs dont les froids de l'hiver les avait dépouillées.

Voyons donc si Jésus-Christ, cette « lumière qui éclaire tout œil en venant au monde », suivant l'Évangile de Jean, a tous les caractères que la mysticité et l'astrologie donnaient au Dieu Soleil et cela dans les deux époques principales de sa vie : son incarnation et sa résurrection, les deux grands mystères proposés à la croyance des peuples.

Inexplicables dans toute autre théorie que la nôtre, ils trouvent dans nos explications un sens clair et aussi naturel que celui que nous avons trouvé pour expliquer l'allégorie judaïque dont celle-ci est la suite.

Il est bien évident que dans la réalité le soleil ne naît ni ne meurt et qu'il est en lui-même toujours aussi brillant et aussi majestueux. Mais dans les rapports que les jours qu'il

engendre ont avec les nuits, il y a dans notre hémisphère
une graduation progressive d'accroissements et de décroisse-
ments qui a donné lieu à des fictions assez ingénieuses de la
part des théologiens. Ils ont assimilé cette génération du
jour à la marche de la vie de l'homme qui, après avoir com-
mencée, s'être accrue jusqu'à l'âge viril et mûr, semble dégé-
nérer et décroître insensiblement jusqu'à ce qu'enfin elle
soit arrivée au terme de la carrière que la Nature lui a donnée à parcourir. Les adorateurs de l'astre du jour l'ayant
personnifié dans leurs allégories sacrées, l'ont fait naître
comme l'homme et l'ont peint aux quatre principales époques de l'année, sous les traits de l'homme aux quatre époques
principales de la vie : l'Enfance, la Jeunesse, l'Age viril et
la Vieillesse.

La forme de l'Enfance était celle qu'ont lui donnait au
solstice d'hiver au moment où le soleil était le plus bas et où
les jours devenus les plus courts allaient commencer à
croître. On célébrait alors dans les mystères, la naissance
du *Dieu Jour* et l'on présentait à l'adoration des peuples
l'image de l'enfant nouveau-né, que l'on tirait du fond du
sanctuaire ou de la Grotte sacrée où il venait de naître. En
Égypte, c'était le sanctuaire de la Vierge Isis, en Perse, c'é-
tait l'antre mystique de Mithra.

Cet enfant naissait avec l'année solaire qui commençait à
sa naissance au premier instant du premier jour, c'est-à-dire
à minuit chez plusieurs peuples, époque à laquelle le jour
commence encore chez nous. Les prêtres astrologues ou les
Mages tiraient l'horoscope de ce jeune enfant comme on faisait de l'heure de la vie de tous les autres enfants à l'instant
précis de leur naissance. Ils consultaient l'état du ciel, appelé horoscope, c'est-à-dire le signe du Zodiaque, qui à l'O-
rient montait sur l'horizon à l'instant de la naissance. Ce
signe, il y a près de 2.000 ans et plusieurs siècles même
auparavant, était la constellation de la Vierge céleste qui, par
son ascension sur l'horizon présidait à la naissance du Dieu
Jour et semblait le produire dans ses chastes flancs. Les
Mages, ainsi que les prêtres égyptiens, chantaient la naissance du Dieu Jour et Lumière incarné au sein d'une Vierge,
qui l'avait produit sans cesser d'être vierge et sans le concours de l'homme. C'est ce qu'annonçaient tous les mystagogues ou prophètes : « Une vierge, disaient-ils, concevra et
enfantera ». On traça dans la sphère l'image du Dieu Jour,
nouveau-né entre les bras de la Constellation sous laquelle
il naissait et toutes les images de la Vierge céleste, propo-
sées à la vénération des peuples, la représentèrent comme

dans la sphère, allaitant l'enfant mystique qui devait détruire le mal, confondre le Prince des ténèbres, régénérer la Nature et régner sur l'Univers.

Les Égyptiens célébraient au solstice d'hiver la naissance du fils d'Isis et les couches de la déesse, qui avait mis au monde ce jeune enfant, faible et débile, né au milieu de la nuit la plus obscure. Cet enfant, suivant Macrobe, était le dieu Lumière, Apollon ou le soleil peint la tête dépouillée de sa chevelure rayonnante, rasée et n'ayant qu'un seul cheveu. On désignait par là, dit le même auteur, l'affaiblissement de la lumière au solstice d'hiver, et la courte durée des jours, ainsi que l'obscurité de l'antre profond où ce Dieu semblait naître et d'où il partait pour s'élever vers l'hémisphère boréal et vers le solstice d'été, dans lequel il reprenait son empire et sa gloire.

C'est cet enfant dont la Vierge Isis se disait la mère dans l'inscription de son temple à Saïs où on lisait : « Le fruit que j'ai engendré est le soleil ». Cette Isis de Saïs a été prise avec raison, par Plutarque, pour la chaste Minerve qui sans crainte de perdre son titre de vierge, dit néanmoins d'elle-même qu'elle est la mère du soleil. Cette Isis-là ne peut être la lune, car jamais elle n'a pu être appelée la mère de l'astre qui lui prête sa lumière. Quelle est-elle donc ? La Vierge même des constellations qui, dans Eratosthène, savant d'Alexandrie, s'appelle Cérès ou Isis ; cette Isis qui ouvrait l'année et qui présidait à la naissance de la nouvelle révolution solaire et du Dieu Jour, enfin celle dans les bras de laquelle nous verrons bientôt le petit enfant symbolique.

Les Égyptiens ne sont pas les seuls qui célébraient au solstice d'hiver la naissance du Dieu Soleil ou la grande fête du soleil nouveau. Elle était aussi connue des Romains qui célébraient les fêtes solaires et les jeux du cirque au *solstice d'hiver* en l'honneur de la naissance *du Dieu Jour*. Ils la fixaient au huitième jour avant les Calendes de janvier, c'est-à-dire au 25 décembre, précisément au même jour auquel les chrétiens célèbrent la naissance de Jésus-Christ, ce futur réparateur de la nature dégradée, qui doit à l'équinoxe du printemps de rentrer dans le séjour de sa gloire.

Quoiqu'il en soit de toutes les formes du culte rendu au soleil, c'est au culte des Perses que la secte des chrétiens semble avoir le plus de ressemblance ; c'est pourquoi nous nous attacherons plus spécialement à les développer et à en faire saisir les rapports avec le christianisme qui semble être une branche de la religion de Zoroastre, comme nous avons vu qu'en descendait la cosmogonie judaïque avec laquelle le christianisme est si étroitement lié.

Les pères de l'Eglise ou les docteurs chrétiens ont reconnu eux-mêmes que de toutes les opinions que les païens avaient de leur religion, la plus raisonnable et la plus vraisemblable était celle qui l'assimilait à la religion des Perses et qui prétendait qu'ils n'adoraient sous le nom de Christ que le dieu Soleil, appelé Mithra chez les Perses. Tertullien rapporte tous les caractères de ressemblance qu'il y avait entre les opinions et les pratiques religieuses de ces deux sectes, savoir : celle de Mithra et celle de Jésus-Christ. Saint Justin, un des grands défenseurs du culte des chrétiens, ne manque d'en faire voir la ressemblance avec le culte de Mithra, soit par les traditions sur sa naissance ainsi que sur celle de Jésus-Christ, soit par les consécrations mystiques des deux religions. Ainsi nous sommes autorisés par les sectateurs du Christ à établir un rapprochement, qu'ils avaient fait eux-mêmes, parce qu'il était très naturel, et à faire voir la filiation ou même l'identité des deux cultes. Les auteurs païens l'avaient aperçue et peut-être prouvée dans des ouvrages que nous n'avons plus et dont nous n'avons que le résultat dans le témoignage de Tertullien.

Il ne cite que les preuves tirées de l'usage que les chrétiens avaient de prier tournés vers le *soleil levant;* de célébrer le jour du soleil et de l'appeler le jour du Seigneur, épithète que les adorateurs du soleil donnaient à ce Dieu : *Domine sol.*

La grande divinité des Perses était le Dieu Soleil, dont les rayons sacrés fournissent ce feu immortel, son image qu'ils entretenaient dans leurs pyrées. On lui donnait le nom de Mithra que plusieurs traduisaient par Maître et Seigneur, titre que tous les peuples ont donné à la divinité, chacun suivant sa langue.

On attribue à Zoroastre, dont les livres nous ont permis de comprendre les allégories de la *Genèse,* la forme mystérieuse et symbolique du culte du Soleil ou de la religion Mithriaque. Rappelons en abrégé ce qu'était l'antre mystique de Mithra.

Le monde dont le Soleil était l'âme était représenté par un antre profond et voûté, comme la sphère, dans lequel on avait représenté toutes les divisions du ciel et les corps lumineux qui y circulent. On y avait retracé le mouvement des fixes et le firmament qui était censé les emporter par sa circulation rapide, celui des planètes qui se meuvent en sens contraire à celui du monde. On y voyait des portes symboliques par lesquelles les âmes descendaient de l'Empyrée jusqu'à la matière terrestre qu'elles animaient en venant habiter nos corps. La division des douze signes, celle des climats, celle de la matière sublunaire en quatre éléments, toutes les distributions du monde visible et même celles du monde intellectuel, dont celui-ci était censé l'image, y étaient représentés par des emblèmes analogues à la nature des deux mondes, comme on peut le voir dans la description qu'en ont fait Origène, Porphyre et Celse qui opposent la théologie de Mithra à celle des chrétiens.

Les divisions astronomiques entreront nécessairement dans celle de la marche du grand Dieu Soleil, et les emblèmes des constellations se trouveront aussi étroitement liées aux images et aux mouvements symboliques de Mithra qu'ils le sont dans la sphère réelle et dans l'antre mystique qui la représente et dans laquelle naît et triomphe le Dieu père de la lumière et âme du monde. On ne doit donc pas être surpris que nous expliquions par les caractères astronomiques les formes du culte de Mithra et les allégories merveilleuses qu'il a produites.

Nous allons commencer ici, par un des monuments les plus fameux de Mithra dans lequel on a retracé en caractères symboliques, empruntés de l'astronomie, toute la théologie des deux principes et la distribution de la nature en âges de bien et de mal, de génération et de destruction, de lumière et de ténèbres. Les limites en sont incontestablement fixées aux deux équinoxes, et caractérisées par les emblèmes qui y répondaient dans les temps les plus anciens et bien avant que se formât l'initiation mythriaque de l'Agneau connue sous le nom de religion chrétienne. La théologie de la *Genèse* ou celle d'Oromaze et d'Ahriman qui nous a servi à entendre la *Genèse* y est exprimée en caractères astronomiques de la manière la plus claire et la plus énergique. Ce monument est celui de Mithra imprimé dans Hyde, dans Montfaucon, dans l'ouvrage de la Torre, évêque d'Adria, et dans Kirker.

C'est un bas-relief de marbre, qui représente un jeune homme avec un bonnet phrygien, une tunique et un manteau qui sort voltigeant de l'épaule gauche. Ce jeune homme, peint dans d'autres monuments avec des ailes, quelquefois aussi sans ailes, appuie son genou sur un taureau attéré, et pendant qu'il lui tient le mufle de la main gauche, il lui plonge de la droite un poignard dans le col. Au côté droit de ce monument sont deux hommes, l'un jeune et l'autre vieux, dont les habits et les bonnets ressemblent à celui de Mithra.

Chacun d'eux tient un flambeau, l'un élevé et allumé, c'est celui du jeune homme ; l'autre baissé et éteint, c'est celui du vieillard. Le taureau blessé répand des flots de sang, que reçoit un chien placé à côté du taureau. Au milieu du monument, sous le ventre du taureau, est un lion tranquille, sous lequel s'étend une hydre ou long serpent. On remarque sous le ventre du taureau un scorpion, qui de ses deux pinces semble vouloir émasculer l'animal pour le priver de la force de féconder. Devant la tête du taureau est planté un arbre auquel est attaché un flambeau allumé et élevé avec une petite tête de taureau. Derrière le taureau, ou au côté opposé, est un autre arbre auquel est attaché un flambeau éteint et renversé, et au pied le scorpion que nous avons vu répété sous le ventre du taureau.

Le premier arbre, celui auquel est suspendue la petite tête de bœuf, est couvert de feuilles simplement. Le second, au pied duquel est le scorpion, est chargé de fruits de l'automne. Le couronnement de ce bas-relief représente sept papéos ou autels flamboyants, dressés aux planètes ; aux deux extrémités, on voit d'un côté le soleil conduisant un quadrige, dont les chevaux regardent les quatre parties du monde, et de l'autre la lune sur un char traîné par deux chevaux, qui paraissent tomber de fatigue.

Nous ne donnerons pas l'explication de ce monument dans tous ses détails, nous ne dirons que ce qui tendra au but que nous nous proposons ; c'est-à-dire prouver que nous sommes fondés à expliquer par les signes et les constellations la religion des Perses. Or, comme nous avons déjà démontré et que nous allons continuer à le faire que les religions juive et chrétienne sont absolument copiées sur la religion persanne, la démonstration de l'origine purement astrologique du christianisme sera une fois de plus établie.

Les tableaux qu'on présentait étaient principalement ceux de la génération et de l'altération successive des productions de la nature et le triomphe naturel de la lumière sur les ténèbres et *vice versa*. Ils faisaient le principal objet de la religion Mithriaque et des sectes qui en sont émanées et que nous y rapportons. L'inspection seule du monument suffit pour justifier notre assertion. Le flambeau allumé et élevé désigne le retour de la lumière ; le flambeau renversé et éteint indique les ténèbres. Le jeune homme est le printemps peint sous les traits de la jeunesse, âge qu'on donnait à cette époque aux images du soleil. Le vieillard qui tient le flambeau abaissé représente l'automne ou la vieillesse de l'année, de la nature et du soleil. L'arbre couvert de simples feuillages, auquel est attaché le flambeau allumé, et l'arbre couvert de fruits, auquel est attaché le flambeau renversé, désignent la même chose et concourrent à fortifier la même idée symbolique. Ce sont deux emblèmes naturels du printemps et de l'automne empruntés de l'état de la végétation à cette double époque. Les deux figures d'animaux attachés à ces mêmes arbres sont empruntées du ciel, où elles sont également placées à deux points diamétralement opposés du Zodiaque dans lequel roule l'année. Elles répondent l'une au printemps, l'autre à l'automne.

Il résulte de là que ce monument ou les dessins anciens sur lesquels il a été copié remontent à une antiquité très reculée, puisque les points de printemps et d'automne y sont désignés par deux signes qui ont cessé d'y correspondre plus de 2,400 ans avant le règne d'Auguste. On y fixe la position des équinoxes telle qu'elle était dans les cieux 3,000 ans avant l'ère des chrétiens et même plusieurs siècles encore avant, puisque les constellations du Taureau et du Scorpion ont occupé ces points depuis environ l'an 4,500 ayant l'ère chrétienne jusqu'à 2.500 avant cette même ère. Les constellations du Bélier et de la Balance les ont remplacées pendant environ les 2,500 ans qui précèdent le règne d'Auguste, et fixant les mêmes points du temps, elles ont entré de la même manière dans les allégories et dans les monuments de la religion solaire mais elles en ont changé les formes. Le Dieu lumière Mithra ne triomphe plus sous le symbole du bœuf mais sous celui du bélier que les Perses appellent toujours l'Agneau. Les gentils de l'Inde n'ont point aujourd'hui de plus grande consolation au dernier moment de la vie que de tenir la queue d'une vache et de se faire religieusement arroser de fiente ou d'urine pour rendre l'âme ainsi purifiée, digne du séjour qu'elle doit habiter.

Dans nos mystères, postérieurs à ceux de l'Inde, c'est l'Agneau sans tache que l'on porte à un moribond; c'est par son sang que l'âme est purifiée de toute souillure. Aussi, dans les mystères des chrétiens, ce ne fut plus le bœuf égorgé qui féconda la terre et en répara les malheurs, par l'effusion de son sang, comme nous venons de le voir, mais ce fut l'agneau qui mis à mort répara par la perte de son sang la nature dégradée. Aussi, comme nous voyons ici le sang du bœuf couler sur la terre qu'il féconde, nous trouvons de même dans les monuments anciens des chrétiens, la croix au pied, de laquelle est un agneau égorgé dont le sang est reçu dans un calice. C'est absolument la même idée, mais elle est rendue sous une autre forme symbolique dont le changement était devenu nécessaire depuis la substitution faite dans le ciel zodiacal de l'agneau au taureau au point équinoxial du printemps.

On remarque dans le monument de Mithra l'attention qu'on a eu d'y peindre surtout les alternatives de lumière et de ténèbres de génération et de destruction qui ont lieu à ces deux époques de la révolution annuelle. C'est ce que marque d'une manière aussi claire qu'ingénieuse le scorpion qui s'attache au principe même de la fécondité du taureau. La fécondité donnée à la nature est peinte par le sang de ce taureau, qui, comme celui d'Uranus, donne naissance à la déesse de la génération. Dans d'autres monuments cette idée est exprimée d'une manière plus énergique encore, mais moins décente, par un homme qui arrose la terre de sa semence, comme fit Vulcain quand il donna naissance à Euchtonius, ou Jupiter à Orion. Aussi saint-Justin assimile-t-il la naissance de Mithra à celle d'Euchtonius, né de la vierge Minerve et de Vulcain qui l'un et l'autre, dans la théologie Egyptienne, sont regardés comme le père et la mère du soleil ou de Mithra dont on faisait un prince ayant régné dans la ville du soleil.

Revenons aux fêtes de la naissance de ce dieu.

Tous les savants reconnaissent qu'elles se célébraient au solstice d'hiver, au moment où le dieu Soleil commençait à revenir vers nous et à accroître la durée du jour. Le savant Fréret dit (1) que c'était la plus grande fête de la religion des Mages; Hyde (2) la fixe également vers le solstice d'hiver. Le calendrier romain que nous avons déjà cité et qui fut publié sous Constantin la fixe clairement au 25 décembre. Ce fut aussi sous Constantin que ce culte commença à s'accréditer en Occident et à faire quelque fortune, car il n'y a pas de doute que ce ne soit la fête de la naissance de ce Dieu qui est indiquée par ces mots N. I. ou *Natalis Invicti*, puisqu'il est vrai qu'il s'agit de la naissance du Soleil avec lequel on a toujours confondu Mithra. D'ailleurs, l'épithète d'*Invictus* est celle que tous les monuments de ce temps-là donnent à Mithra. Témoin ces inscriptions des statues et des images de ce dieu : *Deo Soli invicto Mithræ* (Au dieu Soleil invisible Mithra). *Nomen invictum Sol Mithra... Deo Soli invicto Mithræ et Lunæ æternæ*, ou *Soli omnipotenti Mithræ*.

Ainsi Mithra et Jésus-Christ naissaient le même jour et

---

(1) Mém. de l'Académie des Belles-Lettres.
(2) Hyde, vet., *Relig. pers.*

ce jour était celui de la naissance du dieu Soleil. On disait de Mithra qu'il était le soleil ou de Jésus-Christ qu'il était la lumière qui éclaire l'homme venant au monde, quel singulier rapprochement! mais il y a mieux.

Mithra naissait dans une grotte. Jésus-Christ naît dans une étable ; c'est un parallèle qu'a fait saint Justin lui-même : « Il naissait le jour où le Soleil prenait naissance, *in stabulo Augiæ*, autrement dit dans la station du Bouc céleste où répondait l'étable d'Augias dans le six'ème travail d'Hercule. » Saint Justin ajoute même que, né dans une étable, Jésus-Christ s'était réfugié dans une grotte. Quels sont ceux qui viennent rendre hommage au Christ naissant? Ce sont les prêtres de Zoroastre, les adorateurs de Mithra, enfin les mages.

Que lui offrent-ils? Les trois présents qu'ils faisaient à leur dieu ou au Soleil : l'or, l'encens et la myrrhe.

Le savant P. Kirker nous a donné l'énumération des différents métaux, plantes et végétaux que les Arabes, les Chaldéens et autres peuples de l'Orient avaient affectés à chaque planète; or, ces trois choses sont celles qui étaient consacrées au Soleil, comme l'argent l'est à la Lune, etc. Les alchimistes nous ont encore perpétué ces distributions astrologiques des métaux.

Comment les mages sont-ils instruits de la naissance du dieu Jour ou du Christ par l'astrologie? C'est dans le ciel qu'ils voient le type du dieu nouveau. C'est à l'Orient, c'est-à-dire au point même de l'horoscope qu'ils reconnaissent la naissance du fils de la Vierge. Matthieu dit dans son évangile: « Nous avons vu son étoile à l'Orient ». Eh bien! regardons avec eux à l'Orient au moment précis de cette naissance. Que voyons-nous au ciel astrologique du Zodiaque? La Vierge, mère du Christ, et, dans ses bras, l'image d'un jeune enfant nouveau-né qu'elle allaite. En effet, si l'on monte un globe céleste de manière à mettre le Capricorne dans lequel entrait le Soleil au solstice d'hiver, sous le méridien inférieur, on verra que le premier signe du Zodiaque, qui se trouve alors monter sur l'horizon à l'Orient et fixer l'heure du moment natal du jour ou du dieu Soleil dont on fête la naissance à cette époque, c'est le signe de la Vierge. Elle est nommée Cérès, et Cérès elle-même s'appelait la Sainte-Vierge et donnait naissance au jeune Bacchus des anciens mystères. C'est cette constellation dans laquelle Proclus place le siège de Minerve qui, dans son inscription du temple de Saïs, se dit mère du Soleil, sans perdre son titre de chaste vierge. C'est cette vierge que le savant garde de la bibliothèque d'A-

lexandrie, Eratosthène, dit s'appeler Isis, la mère du jeune
Orus ou du Soleil, vierge dont on fêtait les couches à ce
même solstice, celle qui pleurait la perte de son fils et qui se
réjouissait quelques jours après de l'avoir retrouvé. Enfin,
c'est cette Vierge, à la suite de laquelle monte un grand serpent qui semble la poursuivre et devant qui elle fuit à l'aide
de ses ailes, emportant son fruit, telle que l'Apocalypse nous
la représente; car il est bon d'observer que c'est encore par
cette même constellation que ce tableau de l'Apocalypse
s'explique sans que nous ayions rien à changer à notre
première détermination.

Cette Vierge est bien la seule qui puisse toujours rester
vierge, même en devenant mère, la seule qui puisse mériter
le nom de *reine du ciel* ou de Minerve Belisamé. C'est elle
qui porte dans les anciennes sphères célestes un jeune enfant
dans ses bras et cela dans la sphère des mages ou sphère
persique. Scaliger, dans ses notes sur Manilius, nous a
donné la description des sphères persique, indienne et barbare. Voici ce qu'on lit dans le premier décan ou sur les dix
premiers degrés de la Vierge : « Ici monte une vierge tout
à fait belle, portant une longue chevelure, tenant en mains
deux épis, assise sur un trône élevant un jeune enfant
qu'elle allaite et qu'elle nourrit. On voit aussi un homme à
ses côtés : c'est le Bootes, le gardien d'Orus ou de son fils,
c'est le saint Joseph de la légende chrétienne.

On trouve dans un manuscrit arabe de la Bibliothèque
nationale (n° 1165) les douze signes du Zodiaque dessinés
et enluminés, avec un commentaire arabe qui en donne
l'explication. Le signe de la Vierge est représenté par une
femme aux côtés de laquelle est un jeune enfant, à peu près
comme sont représentées toutes nos vierges et comme l'était
l'Isis égyptienne allaitant le dieu Lumière auquel elle venait de donner naissance et qu'on présentait ce jour-là au
peuple sous l'emblème de l'enfant nouveau-né. Ne reconnaît-
on pas à ces traits le jeune enfant des mystères placé entre
les mains du signe céleste sous lequel il naît et qui est censé
lui donner naissance ?

Nous le demandons en toute sincérité à l'homme sensé,
dépourvu de parti-pris et qui veut bien prendre la peine de
penser un instant : est-il possible que le hasard seul ait produit une pareille similitude de faits entre la légende du dieu
Soleil et la vie de Jésus-Christ telle que nous la donnent les
textes sacrés ? Est-il possible de trouver une plus parfaite
concordance d'événements, de détails même, où les personnages, les événements, les dates se trouvent coïncider d'une

façon si frappante. La naissance du dieu Jour est celle de Jésus-Christ; il est né d'une Vierge céleste comme Jésus. Comme la mère de Jésus, cette vierge reste vierge en devenant mère; elle est accompagnée d'un homme qui semble être le père putatif de l'enfant. N'est-ce pas le rôle de Joseph, l'époux de Marie? La naissance du dieu Jour est annoncée astrologiquement par l'étoile qui paraît à l'Orient et les mages qui apportent les parfums, l'or et la myrrhe. N'avons-nous pas exactement tous ces faits textuellement rapportés dans la vie du Christ? Tout homme sensé, après tant de traits de ressemblance, doit être absolument convaincu qu'il ne peut y avoir aucune différence entre le dieu Soleil et le jeune Christ qu'on a voulu personnifier. Eh bien, pourtant, à tous ces traits de ressemblance, pour les plus incrédules et les plus endurcis, il en manque encore un. L'antiquité et le secret des mystères auraient pu nous le dérober sans que notre théorie en fût moins démontrée, mais heureusement nous l'avons : c'est le NOM même du personnage.

Alboazar, astronome arabe, que d'autres appellent Abulmazar, nous l'a conservé, et nomme ce jeune enfant par ses deux noms de Christ et de Jésus, il dit formellement que c'est notre Christ.

Kirker, Selden, le fameux Pic, Roger Bacon, Albert le Grand, Blaeü, Stofiler et une foule de savants l'ont cité, et nous allons encore le rapporter.

« On voit, dit Abulmazar, dans le premier décan du signe de la Vierge, suivant les traditions les plus anciennes des Perses, des Chaldéens et des Egyptiens, d'Hermès et d'Esculape, une jeune fille appelée en langue persanne Séclénidos de Darzama, nom traduit en Arabe par Adrénedefa, c'est-à-dire une vierge chaste pure, immaculée, d'une belle taille, d'un visage agréable, d'un air modeste, les cheveux longs, tenant en ses mains deux épis, assise sur un trône, nourrissant et allaitant un jeune enfant que quelques-uns nomment JÉSUS et que nous appelons LE CHRIST. »

Que peut-on demander davantage? On voulait qu'il fût nommé. Il l'est, et il l'est sous ses deux noms. Peut-on encore s'y méprendre? Ce passage est précis et il est de la plus grande force, réuni à toutes les autres circonstances; à celle-ci par exemple, que la Vierge qui le porte, indépendamment de tout système d'explications, montait effectivement à l'Orient à minuit, au moment précis où l'on fixe la nativité du Christ, que le Christ est né le même jour où l'on a fait naître le dieu Soleil et enfin qu'on le présente au peuple, comme on présentait autrefois dans leurs mystères ce même Dieu

Soleil, sous l'emblème d'un enfant. C'est là ce signe que les mages apercevaient à l'Orient ; c'est là cette Vierge qui devait enfanter un fils, qui allait régner sur l'univers. Cette tradition s'est perpétuée jusque dans nos derniers siècles. Nous savons, dit Albert le Grand, que le signe de la Vierge céleste montait sur l'horizon au moment où nous fixons la naissance de Jésus-Christ ; tous les mystères de son incarnation divine, et tous les secrets de sa vie merveilleuse, depuis sa conception jusqu'à son ascension, se trouvent tracés dans des constellations et figurés dans les étoiles qui les ont annoncés.

On ne peut être plus vrai, c'est bien par les étoiles qu'ils s'expliquent, puisqu'ils ont été faits d'après les mouvements mêmes de ces astres.

Il est à remarquer également que le nombre des Apôtres qui forment le cortège du Christ pendant le temps qu'il remplit sa mission est absolument celui des signes du Zodiaque que parcourt le soleil durant sa révolution.

Ils sont ce qu'étaient chez les Romains les douze grands dieux présidant chacun à un mois. Et par un étrange hasard, il se trouve que ce nombre duodécimal se rencontre chez tous les peuples qui ont adoré le Soleil. Grecs, Égyptiens, Perses avaient douze grands dieux comme les chrétiens ont les douze compagnons du Christ. Le chef de ces douze dieux ou génies, avait la barque et les clefs du temps, comme Janus chez les Romains et comme notre fameux saint Pierre qui a les clefs du Paradis !...

Il faudrait être aveugle pour ne pas voir et de parti pris pour rapporter au hasard seul une telle concordance de faits. N'est-il pas cent fois plus simple d'en tirer la conclusion qui s'impose, c'est-à-dire que le culte chrétien n'est qu'une copie des cultes rendus au dieu Soleil ?

Après avoir donné la clé du mystère de la naissance, nous allons essayer d'expliquer le mystère de la mort et de la résurrection. Ce sera, après la Réparation, le triomphe de la Lumière sur les puissances de l'Enfer et des Ténèbres.

CHAPITRE X

PAQUES

Mort et Résurrection

Le Soleil qui doit être le *réparateur* des maux que produit l'hiver, étant censé naître au moment du solstice, doit rester encore trois mois dans les signes inférieurs, c'est-à-dire dans la région affectée au prince des ténèbres et à la mort, avant de franchir le fameux passage de l'équinoxe qui doit assurer son triomphe sur la nuit et *réparer* la face de la terre. On va donc pendant ce temps le faire vivre comme un être exposé dès son enfance aux infirmités et aux misères de la vie mortelle, jusqu'à ce qu'il ait repris tous les droits de la divinité dans son triomphe définitif. Le génie allégorique des mystagogues va lui composer une vie; on imaginera une histoire de sa vie comme les Égyptiens en imaginèrent une pour Osiris et pour Typhon, dont Plutarque et Diodore nous ont conservé quelques débris. De même les poètes grecs avaient chanté les travaux du dieu Soleil sous le nom d'Hercule et ses conquêtes sous celui de Bacchus.

L'histoire qu'on imagina pour Jésus-Christ fut plutôt triste qu'ingénieuse. On chercha plutôt à en faire un homme doux, patient, charitable, venu sur la terre pour prêcher par son exemple les vertus que l'on voulait inculquer à ses initiés. En un mot, on chercha plutôt à l'humaniser qu'à en faire un héros comme le firent pour leurs personnages les anciens mystagogues.

Dans notre chapitre V, nous avons rapporté l'appréciation de Dupuis sur l'enfance du Christ, ses premiers miracles et sa vie publique, nous n'y reviendrons pas. On sent que ceux qui ont fabriqué ces récits en ont non seulement lié les événements supposés à un lieu particulier, tel que la Judée, mais encore que, pour leur donner une apparence de vérité historique, ils les ont mêlés assez adroitement à des noms et à une époque connus, tels que le règne de Tibère et d'Auguste, mais néanmoins il s'y est glissé quelques hérésies, telles que par exemple l'apparition et les agissements de Ponce-Pilate qu'on fait agir et parler près de cent ans après sa mort. Tous ces faits tendent bien à prouver que les récits des livres saints furent composés *bien longtemps* après les époques citées et par des écrivains qui n'avaient que des notions bien approximatives des faits véritablement historiques.

Nous avons dit que Jésus-Christ avait tous les caractères du dieu Soleil dans son *incarnation* et sa *nativité*. Il nous reste à démontrer qu'il a encore tous les caractères du dieu Soleil au moment de son *triomphe* et de sa *résurrection*, soit pour l'époque où elle se produit, soit par la forme symbolique sous laquelle elle s'opère, cette forme se retrouve dans le ciel astrologique aussi bien que celle de sa naissance par la nature des fêtes auxquelles elle a donné lieu ainsi que par les allégories de mort et de résurrection qui sont les mêmes dans la religion du Soleil et dans celle de Jésus Christ. Nous allons établir la comparaison de façon telle qu'il en résultera une ressemblance complète entre Jésus-Christ et le Soleil, et l'on verra enfin qu'on n'a rien dit de l'un, c'est-à-dire de Jésus-Christ qui n'ait été dit de l'autre, c'est-à-dire du Soleil, bien des siècles avant celui où s'est formé le christianisme.

En expliquant l'allégorie de la prétendue faute de l'homme et du mal introduit dans la Nature par le serpent, nous avons dit que le réparateur devait être le Soleil. Depuis nous avons démontré qu'il l'était, nous avons ajouté que le Christ ou le Réparateur devait naître avec le Soleil, nous avons fait voir qu'il y naissait. Nous concluons donc qu'il devait opérer la réparation au moment où le Soleil vient réparer la Nature et reprendre son empire sur les ténèbres, c'est-à-dire à l'équinoxe du printemps.

Or c'est précisément à l'équinoxe du printemps que le Christ triomphe, car il triomphe à Pâques et la Pâques des Chrétiens est fixée nécessairement à l'équinoxe du printemps. Pour que cette solennité soit ainsi fixée à une époque astronomique, il faut une raison. La raison qui l'y a fait fixer, c'est que cette fête est en réalité la fête du passage du Seigneur Soleil aux régions boréales et aux signes du Zodiaque qui composent le domaine du dieu Lumière. On a toujours traduit le mot phase par *festum transitus*, ou fête du passage du Seigneur. On donnait au Soleil l'épithète d'Adonis ou de Seigneur. Porphyre, dans une prière qu'il lui adresse, l'appelle Seigneur Soleil, et dans la consécration des sept jours de la semaine aux sept planètes : lundi jour de la Lune, mardi jour de Mars, etc., le septième jour, le jour du Seigneur est devenu *Dies Solis* ou *Dies Dominica*, dont on a fait dimanche. Les jours ordinaires ont simplement pris le nom de la planète qui leur était consacrée, le septième jour a pris seul le nom de jour du *Seigneur* ou roi de l'Univers.

Notre fête de Pâques, aujourd'hui, n'est pas précisément placée au premier jour du premier signe, mais elle tombe toujours dans ce premier signe puisqu'elle doit être célébrée le premier jour du Soleil ou le dimanche qui suit la pleine lune de l'équinoxe du printemps. Primitivement elle était fixée au 25 mars, comme nous l'avons vu ci-dessus, parce qu'à pareil jour le Christ était censé être sorti du tombeau.

Toutes nos cérémonies du samedi saint et surtout celles du feu nouveau, du fameux cierge pascal, n'ont été instituées qu'en l'honneur de ce triomphe du dieu Lumière sur les ténèbres. Combien parmi nos fidèles dévotes, marmottant leurs patenôtres devant le cierge pascal, se doutent qu'elles rendent un hommage au dieu Soleil ? Pourtant la cérémonie qui se pratique encore aujourd'hui à Jérusalem, au tombeau mystique du Christ, en est une preuve frappante. Tous les ans, au temps de Pâques, l'évêque s'enferme dans un petit caveau qu'on appelle le tombeau du Christ (ce serait le tombeau d'Osiris chez les Égyptiens), il a des paquets de petites bougies, il allume un de ces paquets et fait une explosion de lumière semblable à un feu d'artifice, pour faire croire au peuple que le feu du ciel est tombé sur la terre. Alors il sort du caveau en criant : « Le feu du ciel est descendu, la sainte bougie est allumée ». Tout le peuple crédule achète aussitôt les bougies sacrées.

Niera-t-on l'étrangeté de tous ces rapports et se peut-il que le hasard seul ait créé un pareil ensemble de coïncidences ? Toutes les allégories, tous les symboles du culte absolument inexplicables en dehors de notre système deviennent claires et compréhensibles dès qu'on veut les comparer avec les allégories du culte du Soleil.

Nous venons de voir l'explication logique et naturelle des dates, nous avons vu ce qu'était le cierge pascal. Nous allons maintenant voir pourquoi Jésus est appelé Agneau de Dieu. Les bonnes dévotes dont nous parlions tout à l'heure ont pu croire que ce nom d'Agneau était donné à leur Dieu comme une allusion à sa douceur et à sa bonté. Encore une erreur qu'il faudra dissiper.

Nous allons examiner la forme symbolique sous laquelle le dieu Soleil triomphe des ténèbres et nous allons montrer que ce triomphe est tout simplement son entrée dans le signe Zodiacal du *Bélier* céleste ou de l'*Agneau*, suivant les Perses. Il y a équinoxe, disent ces peuples, au retour du Soleil à l'*Agneau*. L'*Agneau* est donc la forme symbolique à laquelle s'unit le Soleil lorsqu'il reprend son empire sur les ténèbres. L'usage étant établi de peindre le Soleil avec les attributs des signes auxquels il s'unissait durant sa révolution, il s'ensuit que le Soleil de l'équinoxe du printemps dut être peint avec les attributs du *Bélier* ou de l'*Agneau*. Tantôt on le peignait sous les traits d'un jeune homme conduisant ou ayant à ses côtés un bélier ou encore comme ce même jeune homme coiffé des cornes du bélier, tantôt on représentait un agneau égorgé comme auparavant on avait peint le bœuf mithriaque également égorgé et fécondant la terre de son sang. Ce ne sont là que différentes manières de rendre la même idée en employant le même animal symbolique destiné à peindre le Soleil équinoxial.

En somme, tout ceci nous démontre que le signe symbolique du dieu Lumière est le *Bélier* que les Perses appellent l'*Agneau,* comme le Dieu des ténèbres a eu pour signe symbolique le *Serpent,* et cela par les mêmes raisons mystiques et allégoriques.

Donc le Dieu Soleil prend le nom d'Agneau au moment de son triomphe, par la raison qu'il pénètre à ce moment dans le signe céleste de l'Agneau. Or si, comme nous essayons de le démontrer, Jésus-Christ et le Dieu Soleil ne sont qu'une seule et même divinité, le Christ doit nécessairement prendre les mêmes noms. En-est il ainsi de fait ? Quand le prêtre présente aux fidèles le pain consacré qu'on dit contenir le corps de Jésus, que dit-il ? « *Ecce Agnus Dei qui tollit peccata mundi* ». Voici l'*Agneau de Dieu* qui répare les péchés du monde ». On l'appelle encore le Christ, l'*Agneau* qui a été immolé depuis l'origine du monde : *Agnus occisus ab origine mundi* ».

Dans l'Apocalypse, il est à chaque instant question de l'Agneau.

On voit l'Agneau égorgé entre les 4 animaux : le lion, le bœuf, l'homme et l'aigle qui forment son cortège ; c'est devant l'Agneau que se prosternent les 24 veillards.

C'est l'Agneau égorgé qui est digne de recevoir toute puissance divinité sagesse, force honneur, gloire et bénédiction. «.

C'est l'*Agneau* qui ouvre le livre de la fatalité ou des sept sceaux.

Toutes les nations de l'univers sont représentées devant le trône et devant l'*Agneau,* vêtues de robes blanches et ayant dés palmes à la main ; elle chantent à haute voix. « Gloire à notre Dieu qui est assis sur le trône et gloire à l'*Agneau.* » :

Tous ceux qui ont lavé leurs robes dans le sang de l'*Agneau* sont devant le trône de Dieu et seront jour et nuit dans son temple; ils n'auront aucun besoin. *L'Agneau* qui est au milieu du trône sera leur pasteur et les conduira aux fontaines et eaux vivantes.

On nous présente le spectacle de *l'Agneau* debout sur la montagne de Sion et 12 fois 12 mille personnes qui ont son nom et le nom de son père écrits sur le front... Ils sont destinés à suivre *l'Agneau* partout où il va; ils sont consacrés à Dieu et à *l'Agneau* comme des prémices.

On voit les vainqueurs du dragon chantant le cantique de *l'Agneau*, on voit les ennemis de *l'Agneau* terrassés; il en triomphe parce qu'il est le seigneur des Seigneurs et le Roi des rois. Ceux qui sont avec lui sont appelés les élus et les fidèles.

Enfin on voit l'ennemi de *l'Agneau* le grand *serpent* et tous les génies qui forment son cortège détruits et précipités dans le Tartare.

L'Apocalypse contient beaucoup d'autres citations des mérites de *l'Agneau*, mais ce que nous en avons dit doit largement suffire à démontrer qu'il est bien le symbole sous lequel on y révère le grand dominateur de l'univers; le vainqueur du *serpent* dont on attendait la nuit de Pâques l'avènement pour le renouvellement de toutes choses. Cet *Agneau* a toujours été regardé comme l'image symbolique du Réparateur dont on avait fêté la naissance le 25 décembre au solstice, le jour de la naissance du Soleil.

Il est à remarquer que ce type symbolique du Soleil a été soigneusement conservé dans la région des chrétiens et que nommer *l'Agneau* c'était désigner le Christ ou le répartiteur. Il est donc de toute évidence que les mystères de Jésus-Christ sont les mystères de *l'Agneau* et que ceux-ci sont absolument de même nature que ceux du bœuf mithriaque auxquels ils succédaient par l'effet de la précession des équinoxes qui substitue au bœuf égorgé, l'agneau également égorgé.

Nous reportons ces mystères au culte mithriaque parce que c'est chez les Perses seuls que ce signe s'appelle l'Agneau, les autres peuples l'appellent le Bélier. Aussi la religion de Zoroastre qui nous a donné la clé de la *Genèse* et le mot de l'énigme du serpent destructeur, celle qui nous a expliqué la figure symbolique de la vierge et de son enfant est aussi celle qui nous donne le mot des mystères de l'Agneau triomphant des ténèbres à l'équinoxe du printemps. Ce qui confirme nos explications, puisque partout la lumière nous est fournie par la même théologie de Zoroastre dont les religions juives et chrétiennes sont une émanation.

On a eu soin de perpétuer parmi les chrétiens le type et le nom symbolique de l'Agneau parce que c'était le mot du guet, le caractère, et pour ainsi dire le « *tessera* » de cette société d'initiés qui se disaient les disciples de l'Agneau et les associés à l'initiation de l'Agneau, aussi était-il le signe et comme le sceau dont on marquait tout les initiés. C'était l'attribut symbolique auquel ils reconnaissaient leur fraternité, comme les francs-maçons ont leurs attributs caractéristiques et les symboles communs de leur association.

De là l'usage où l'on était dans l'Eglise primitive de donner aux nouveaux initiés ou aux nouveaux baptisés pour « *tessera* » le sceau de l'Agneau ou une empreinte de cire représentant l'Agneau.

Les chrétiens de ce temps-là faisaient porter au cou, par leurs enfants, l'image symbolique de l'Agneau. De nos jours, tout le monde connait les fameux « *Agnus Dei* ».

Cette coutume d'exposer ainsi l'Agneau symbolique à la vénération des fidèles subsista jusqu'à l'an 680, sous le pontificat du pape Agathon, et sous l'empereur Constantin Pagonat. Jusqu'à cette époque l'Agneau *seul* fut le symbole de la divinité adorée par les chrétiens, ce ne fut qu'au 6e synode de Constantinople (Can. 82) qu'il fut ordonné qu'à la place de la figure de l'Agneau, on représenterait un homme attaché en croix, ce qui fut confirmé par Adrien Ier. Le pape Adrien Ier, au 7e concile, dans son épître à Tarasuis, évêque de Constantinople, approuve la représentation du Christ sous la *forme* de *l'Agneau* et l'adopte. L'idée de la représentation du Seigneur sous le symbole de l'Agneau était tellement ancrée dans l'esprit des premiers fidèles que toutes nos églises retracent encore le Christ sous cette image. On le voyait de grandeur naturelle sur le milieu du portail de Notre-Dame, à Paris ; on le voit sur les tabernacles, sur les contre-tables, tantôt uni au livre des sept sceaux ou de la fatalité planétaire, tantôt couché avec la croix mystique. Tous les chants de l'Eglise au temps de Pâques ne parlent que de l'Agneau.

Il est donc bien indiscutable que la forme de l'Agneau n'ait été destinée par un usage aussi ancien qu'universel à désigner Jésus-Christ ou le Soleil dans son triomphe sur le mal ou sur les ténèbres.

Il n'est pas difficile d'apercevoir que ce symbole n'est pas arbitraire, qu'il est né de la nature même de la religion du Soleil et qu'il n'a été loisible aux chrétiens d'en prendre un autre.

Jésus-Christ ou le Soleil désigné au moment de sa naissance par le nom de fils de la Vierge céleste, devait l'être auss dans son triomphe par le nom et la forme du signe dans lequel il se trouvait au moment de ce triomphe.

C'est aux deux points *Aries* et *Libra*, ou Agneau et Balance, que les astrologues fixaient l'exaltation de la lumière et sa dégradation. Le Soleil, disent-ils, arrive à son exaltation dans Aries, et dans sa dégradation, ou dépression, sous la Balance. Les adorateurs du Soleil et des autres planètes, qui avaient fixé la célébration des fêtes qui leur étaient consacrées, sous le signe où chacun de ces astres était dans son exaltation, avaient fixé la grande solennité du Dieu Soleil au règne d'Aries, lieu de son exaltation, comme on peut le voir dans Hyde.

Ce mot « exaltation » qui revient si souvent dans les pages qui précèdent, est employé bien entendu ici dans le sens d'élévation. Dans l'astrologie ancienne, les adorateurs du Soleil l'employaient couramment et les Pères de l'Eglise chrétienne n'ont manqué de le prendre et de l'employer, comme ils l'ont fait, inconsciemment pour la plupart, des rites et même des locutions appropriées au culte du Soleil. La résurrection du Christ-Soleil fut donc appelée de son vrai nom et par l'expression originale, c'est-à-dire qu'elle fut appelée *l'exaltation*. Saint Athanase s'en est servi, et il explique par résurrection le mot de saint Paul : « *exaltavit illum Deus* ». Il regarde ces deux mots, résurrection et exaltation, comme synonymes dans l'Ecriture, et prétend qu'il s'agit de la résurrection du Christ d'entre les morts et de sa sortie du tombeau.

L'exaltation du Soleil ne fut placée par les astrologues dans Aries, et sa dépression sous Libra, que parce qu'il s'élevait dans l'un au-dessus de la région des ténèbres et des signes inférieurs, et que dans l'autre il descendait vers le pôle abaissé et invisible. C'est à ces époques de l'année qu'était fixée la célébration de tous les mystères anciens. L'empereur Julien nous en donne la raison : c'est parce qu'alors on fêtait l'approche du Soleil, d'un Sauveur, qui nous élève vers lui et qu'ensuite on pleurait son absence, et on priait la Divinité de préserver l'homme de la malignité des ténèbres. C'est là surtout qu'à l'occasion de la fameuse fête du printemps ou des Hilaries, en l'honneur de l'exaltation du Dieu Atys, Julien nous dit que le soleil du printemps a la vertu d'attirer à lui les âmes vertueuses. Ceci nous donne le mot de l'énigme de ce passage de l'Evangile : *Cum exaltatus fuero a terra, omnia traham mecum*, ce qui présente un sens clair et précis quand on sait que les mystiques de la religion du Soleil attribuaient au Soleil de l'Agneau la vertu d'attirer à lui les âmes des initiés et de les transporter dans le séjour de la lumière. Cette idée mystique est le fondement de toute l'*Apocalypse*. Elle se retrouve encore dans l'Inde où les Brahmes disent que les justes passent dans le paradis de Brahma, attirés par les rayons du soleil, lorsque cet astre dirige sa course vers le nord. Voilà pourquoi ces peuples qui ont conservé le culte de l'ancien Bœuf équinoxial, disent qu'ils entrent dans ce paradis *par le Taureau*, et voilà pourquoi également, le plus grand bonheur de ces pauvres ignorants est de mourir en tenant dans la main la *queue d'une vache*. Ils entrent au paradis par le signe de la vache ou du taureau, comme les chrétiens y entrent par le signe de *l'agneau*.

Du reste, il ne faudrait pas s'imaginer que le culte du Soleil fut spécial aux Perses, on peut dire en thèse générale qu'il est la base de toutes les religions anciennes. C'est ce que nous prouve Dupuis dans son admirable ouvrage sur l'*Origine de tous les Cultes*.

Les Arabes avaient consacré, à la Mecque deux idoles, l'une blanche, l'autre noire. On honorait l'idole blanche à l'entrée du Soleil dans le signe de l'Agneau ; les Ammonites y portaient leur encens. L'idole noire était adorée à l'entrée du soleil dans le signe de la balance, c'est à-dire à l'équinoxe d'automne. On donnait des raisons astrologiques de ce culte idolâtresque, tirées de la théorie de l'exaltation des planètes.

Les nations de l'Inde pratiquaient de semblables cérémonies à l'équinoxe du printemps et à celui d'automne, cérémonies toujours fondées sur le culte astrologique.

De nos jours, la grande fête des Perses est encore celle du Neuronz ou Hormelam, dans laquelle on célèbre l'entrée du Soleil dans le signe de l'Agneau. Le commencement de l'année fut fixé à ce moment, parce que c'était en ce jour que la lumière et le mouvement avaient été donnés à l'univers. Le sens de cette tradition n'est autre chose que l'expression du phénomène qui se renouvelle tous les ans, lorsque le soleil repasse dans notre hémisphère pour mettre en jeu tous les principes de vie dans le monde sublunaire et rendre au jour son empire sur les nuits.

En somme, Jésus-Christ a, comme on l'a vu, tous les caractères de l'Agneau, et l'Agneau lui-même ne se trouve employé comme symbole principal de sa divinité que par le rôle important qu'il remplit dans les cieux et sur la terre. Dans les cieux, par sa position ; sur la terre, par son influence. Voilà donc le Christ identifié absolument avec le Soleil par la forme qu'il a dans son triomphe, comme il l'est par l'époque même à laquelle il triomphe. Il nous reste à le considérer dans sa mort qui précède son triomphe, dans sa descente aux enfers et, enfin, à faire voir qu'on n'a rien dit de lui qui n'ait été dit du Soleil dans toutes les religions anciennes, et qu'à ce point de vue là, encore, le Christ est absolument traité comme le Soleil.

Les anciens peuples de l'Orient ont adoré le Soleil sous différents noms, tels que : Adonis, Osiris, Bacchus, Athys, Mithra, etc., comme on le voit dans l'hymne au Soleil, de Martianus Capella, qui prétend que ~ous ces différents noms le Soleil était le seul Dieu qu'adoraient les différents peuples. « Les habitants du Latium t'appellent Soleil, dit l'auteur de ce superbe hymne, les Grecs te nomment Phébus, d'autres Bacchus; les habitants des rives du Nil te nomment Sérapis; ceux de Memphis t'appellent Osiris; les Perses, Mithra; tu es Athys en Phrygie; Amnion (ou Dieu-Agneau) en Lybie; Adonis en Phénicie; ainsi l'univers entier t'adore sous une foule de noms différents. »

Macrobe, dans son savant ouvrage sur les Saturnales, fait voir que tous ces noms d'Apollon, de Bacchus, d'Adonis, etc., etc., ne sont que les différentes dénominations du Soleil chez différentes nations, et il réduit toute la théologie ancienne au culte du Soleil.

Les hymnes attribués à Orphée, les vers de l'oracle de Claros, s'accordent également à reconnaître le Soleil sous cette diversité de noms et de formes que ce seul dieu prend dans les religions anciennes.

Le superbe discours que l'empereur Julien adresse au Soleil, est absolument appuyé sur les mêmes principes théologiques. Il y voit Osiris, Bacchus, Athys, etc.

Non seulement les théologiens, mais les historiens euxmêmes, qui nous ont transmis les fables du Soleil, sous le titre d'aventures de prince, de héros, de conquérant, reconnaissent que sous ce nom on adorait le Soleil, ce qui est convenir indirectement que ce ne sont que des histoires factices et des aventures allégoriques de l'astre du jour; car il n'en peut éprouver d'autres.

Eusèbe, dans sa *Préparation évangélique,* Plutarque, dans son *Traité d'Isis et d'Orisis,* Diodore de Sicile, Diogène Laërce, Inédas Chérémon, Abnephius, auteur arabe, en général tous les historiens grecs, latins ou autres, qui nous ont parlé de l'Osiris des Egyptiens s'accordent à dire que c'était le Soleil que les Egyptiens adoraient sous ce nom, et il ne nous a pas été difficile de le prouver par les aventures de ce dieu ou de ce prétendu prince. Il nous suffit ici de l'aveu universel de tous les anciens. Cependant ces mêmes hommes qui nous disent que l'Egypte honorait le Soleil dans Osiris, ne laissent pas de nous raconter l'histoire d'Osiris comme s'il eût été réellement un homme ayant régné sur l'Egypte ; on nous décrit ses bienfaits, les malheurs et les contrariétés qu'il éprouva, sa mort même, et enfin sa résurrection. On voit au premier coup d'œil, qu'une histoire du Soleil, sous quelque trait qu'on la peigne, ne peut être qu'une fiction et une allégorie sacrée, imaginée par les prêtres du Soleil, qui faisaient naître et mourir leur Dieu pour chanter ensuite son retour à la vie. On a vu que ces histoires, assez différentes dans leurs détails, à raison des différentes légendes d'où elles sont tirées, ne laissent pas de s'accorder toutes sur un point principal, savoir : les obstacles qu'Osiris trouvait au bien qu'il voulait faire. Cet obstacle était dans Typhon, son rival et son frère, et dans la mort qu'il reçoit de la main de son ennemi, qui le met en pièces et l'enferme dans un coffre obscur, d'où, Osiris, sort ensuite vivant et victorieux. Isis, son épouse, le cherche, rassemble les débris épars de son corps, et du fond du tombeau où elle les a réunis, elle voit sortir son époux radieux. Ce fait ne pouvant être réel, c'est donc bien une fiction, et comme cet époux est le Soleil, c'est donc bien une allégorie sur la prétendue mort et la résurrection de l'astre radieux. Aussi est-ce d'après ces principes que nous l'avons expliqué. Le lecteur voudra bien excuser les quelques détails, peut-être un peu longs, que nous allons donner sur la vie prétendue d'Osiris et de Bacchus, mais s'il veut bien nous suivre, il comprendra facilement qu'ils sont indispensables à l'explication de notre thèse, car on y retrouve toutes les circonstances de la mort, de la descente aux enfers et de la résurrection de notre Jésus-Christ.

Donc, Osiris était peint avec les cornes du Bœuf mithriaque, comme Bacchus, avec lequel Hérodote et tous les anciens le confondent. Il est donc la même divinité que le Taureau mithriaque auquel est toujours uni le Soleil. Or le Taureau mithriaque a pour ennemi le Scorpion céleste ou le signe opposé répondant à l'automne à cette ancienne époque. Osiris doit donc avoir le même ennemi. Il l'a effectivement. Le planisphère égyptien, imprimé dans Kirker, peint Typhon aux pieds et aux mains serpentiformes dans le signe du Scorpion, avec lequel se levaient les serpents d'automne. C'est là, dit-on, son domaine, c'est-à-dire le signe sous lequel passait le Soleil lorsqu'il entrait dans le domaine des ténèbres figurées par Ahriman en Perse et par Typhon en Égypte. On remarquera qu'il est ici question de l'époque dans laquelle le Scorpion et le Taureau occupaient les deux équinoxes, comme dans le monument mithriaque, ce qui remonte à plus de 2.400 ans avant l'ère chrétienne. C'était alors non pas sous la Balance, mais sous le Scorpion qu'était dégradé le dieu Lumière, comme il reprenait son empire non pas avec la forme d'agneau, mais avec celle du taureau qu'avaient Osiris et Bacchus. Aussi Plutarque, dans son *Traité d'Isis et d'Osiris*, fixe-t-il cette mort d'Osiris et le triomphe de Typhon au passage du Soleil dans les étoiles du Scorpion.

Il nous peint les fêtes de deuil auxquelles cette mort donnait lieu, et nous dit clairement qu'elles avaient pour objet la dégradation de la nature à cette époque, le dépouillement de la terre de toute sa parure et surtout la défaite de la Lumière qui succombait sous l'empire des Nuits. Il ajoute que l'on trouvait en Grèce de semblables fêtes lugubres fixées à la même époque annuelle et instituées pour le même sujet, c'est-à-dire pour exprimer le deuil de la nature au départ du Soleil, lorsqu'il s'enfonçait vers les régions australes, séjour des enfers, où dans l'hémisphère inférieur du monde. On y conduisait en cérémonie le bœuf équinoxial dont Osiris prenait la forme au printemps; mais il était alors, comme la nature, couvert d'un voile noir et dans un appareil lugubre.

Macrobe indique la même raison de ces cérémonies lugubres, et elle est vraie parce qu'elle est fondée sur la nature.

Isis donne la sépulture aux membres de son époux dont le corps avait été divisé en douze parties; on lui élève des tombeaux dans différentes villes d'Egypte, on place autour du tombeau 360 urnes, autant qu'il y a de jours à l'année, sans épagomènes, ou autant qu'il y a de degrés au Zodiaque que le Soleil ou Osiris parcourt. Isis fait son image en cire, le culte en est confié à des prêtres. Mais ensuite Osiris revient des enfers au secours de la Lumière ou d'Orus, son fils; il lui apprend à triompher de Typhon leur ennemi, et lui assure la victoire sur le grand serpent qui combattait pour Typhon. Osiris lui-même n'avait pas été longtemps perdu; après l'avoir pleuré comme mort, on chante son retour, on célèbre Osiris retrouvé avec autant de pompe que l'on avait célébré sa naissance dans laquelle on annonçait la naissance du Seigneur du Monde.

Tel est le précis de l'histoire d'Osiris, nous n'avons réuni que les traits qui leur sont communs avec Bacchus, Adonis, Jésus-Christ et enfin les traits qui tiennent à la mort et à la résurrection du Dieu Soleil.

La similitude des traits entre les fêtes des Adorateurs d'Osiris et celles en l'honneur du Christ ont été remarquées par les Pères de l'Eglise et les écrivains chrétiens qui établissent un parallèle avec Jésus-Christ. Saint Athanase, saint Augustin, Théophile Athénagore, Minutius, Félix Lactance, Julius Firmicus, tous les auteurs païens et chrétiens qui ont parlé du dieu Soleil adoré en Egypte, s'accordent à nous peindre le deuil de l'Egypte à sa mort, deuil qui se renouvelait tous les ans. Ils nous décrivent les cérémonies qui se pratiquent à sa sépulture, les tombeaux qu'on lui avait consacrés en différents endroits, les larmes qu'on allait répandre pendant plusieurs jours, et ensuite les fêtes de joie qui succédaient à cette tristesse au moment où l'on annonçait Osiris retrouvé et ressuscité. Hérodote et Athénagore nous parlent de la re ésentation de la passion d'Osiris que les Egyptiens appelaient les mystères de la nuit.

Il résulte de tous ces faits que le Soleil a été adoré en Egypte, dès la plus haute antiquité, sous le nom d'Osiris, qu'on célébrait sa naissance, qu'on écrivait sa vie, qu'on chantait ses bienfaits et qu'on pleurait sa mort pendant plusieurs jours sur son tombeau et qu'ensuite on célébrait sa résurrection. Or il est bien évident que tous ces faits ne peuvent s'appliquer naturellement au Soleil qui, en réalité, né naît ni ne meurt, tout cela est purement allégorique. Cette mort, ce tombeau, cette résurrection ne sont que des fictions mystiques, communes à toutes les religions qui ont pour objet le culte du Soleil. Nous avons déjà démontré combien Jésus-Christ avait dans sa naissance et dans sa vie de traits de ressemblance avec le Dieu Soleil.

Voici que nous retrouvons encore des traits particulièrement significatifs de similitude. Osiris comme Jésus meurt. Sa mort, pendant plusieurs jours, est pleurée sur son tombeau absolument comme celle de Jésus ; Osiris comme Jésus descend aux enfers. Osiris comme Jésus ressuscite et la résurrection des deux personnages est fêtée par des chants d'allégresse et des rites où l'on retrouve au fond la même idée : la joie du retour et du triomphe de la Lumière.

Les mêmes fêtes, les mêmes rites s'appliquent à Bacchus, qu'Hérodote, Plutarque, Macrobe et tous les anciens confondent avec Osiris, c'est-à-dire avec le Soleil. Bacchus naît, meurt, descend aux enfers et ressuscite comme Osiris et comme Jésus.

Bacchus meurt comme Osiris, comme lui, il est mis en pièces par les Géants, ensuite il est rendu à la vie. Cette doctrine était enseignée dans les mystères du Soleil sous le nom de Bacchus. Les théologiens reconnaissaient l'intelligence ou le Logos de la divinité en tant qu'elle est unie à la matière et pour ainsi dire incorporée, jusqu'à ce qu'elle soit rendue au principe éternel et unique du sein auquel elle était descendue. Cette idée est absolument la même que celle du dogme chrétien.

Le Logos incarné est mis à mort, ressuscite et retourne au sein de son Père éternel.

On retrouverait dans les mystères de Bacchus une foule de traits qu'on croirait copiés sur la vie même de Jésus, si l'on ne savait qu'ils leur sont de beaucoup antérieurs.

Comme Jésus-Christ, Bacchus prenait l'épithète de sauveur (saotés), comme lui, il faisait des miracles, guérissait les malades, et prédisait l'avenir.

Bacchus, dès son enfance, fut menacé de perdre la vie. On lui tendit des pièges comme Hérode en tendit à Jésus. Bacchus comme Jésus, établit des initiations et n'y admit que les gens vertueux. Les initiés attendaient son avènement comme les chrétiens celui de Jésus-Christ-Messie, ils espéraient qu'il reprendrait le gouvernement de l'univers et rétablirait l'ancienne félicité.

Le détail même de certains miracles du christianisme se retrouve dans les miracles du culte de Bacchus, tel celui des trois cruches remplies de vin qui s'opérait dans les temples de Bacchus, est absolument le modèle sur lequel a été copié le miracle des noces de Cana !...

Le culte d'Adonis adoré par les Phéniciens nous donne absolument les mêmes faits que le culte de Bacchus adoré des Grecs. Adonis signifie « Mon Seigneur ». C'était encore le Soleil adoré sous ce nom. Corsini met un intervalle entre le deuil de la mort d'Adonis et la fête de son retour à la vie. Il place la première à l'entrée du Soleil à l'équinoxe d'automne ou au 8 ant kal octobre et celle du retour au 8 ant kal april ou au jour de Pâques, c'est-à-dire au jour même où le Christ est censé ressusciter. Cependant il incline pour unir ces deux fêtes à l'équinoxe du printemps, comme nous chrétiens nous le faisons, c'est-à-dire qu'il suppose que la fête du deuil de cette prétendue mort a été remise deux ou trois jours avant la résurrection, en sorte qu'Adonis fut censé mourir en automne et la cérémonie de sa sépulture fut remise au temps où l'on chantait sa résurrection. C'est exactement ce qu'ont fait les chrétiens et ce que faisaient les Assyriens.

La fête de Pâques que nous célébrons le même jour que les anciens célébraient les Hilaries, est la plus gaie de toutes nos fêtes religieuses. Tous ses chants sont consacrés à la joie. *Alleluia* est un cri d'allégresse qui est répété sans cesse. On chante : Voilà le jour qu'a fait le Seigneur, réjouissons-nous, etc. *Hæc dies*, etc., etc. On y répète sans cesse le nom d'Agneau ; on parle de ses noces, on invite les jeunes garçons et les jeunes filles, comme Horace dans son poème en l'honneur d'Apollon, à chanter le Roi du ciel vainqueur des ombres de la nuit, et qui entre dans sa gloire. *O ! Filii et Filiæ*, etc. Les prêtres sont vêtus de blanc, couleur favorite du dieu Lumière, qui contraste avec les couleurs sombres qu'on avait prise le jour de la mort du Dieu dont on célèbre le retour au règne de la lumière. On multiplie les cierges, les temples brillent de nouveaux feux.

Et nous, chrétiens, que célébrons-nous, si ce n'est la défaite du Dieu des ténèbres, du serpent introducteur du mal dans la nature et le triomphe du Dieu de la Lumière? N'est-ce pas absolument la même chose? Est-ce que le Dieu fêté si solennellement à Pâques n'est pas celui que saint Jean dit être « la Lumière et la Vie »? « La lumière qui éclaire l'œil de tout mortel »? Et sous quelle forme triomphe-t-il?

N'est-ce pas sous la forme de l'Agneau, c'est-à-dire sous la forme de l'animal symbolique du Zodiaque où le Soleil a son exaltation et le lieu de son triomphe?

L'époque du temps, les formes astronomiques sont absolument les mêmes pour Jésus-Christ et pour le Soleil. Pourquoi chercher de la spiritualité dans un fait purement physique et distinguer Jésus-Christ du Soleil, quand l'un et l'autre portent dans la théologie ancienne le nom de fils unique de Dieu !

Comme le Christ, le Soleil était pleuré et les cérémonies de deuil feint à l'occasion de cette prétendue mort précédaient, comme dans la religion de Jésus-Christ, de quelques jours la joie de son triomphe célébré dans le Hilarin ou le 25 de mars. Macrobe fait expressément la remarque que la fête des Hilanes était précédée de quelques jours de deuil où l'on feignait de pleurer la malheureuse catastrophe du Dieu dont on allait chanter le triomphe. Il ajoute que c'est la même idée théologique qui fait la base des fêtes de deuil et de joie de toutes les religions dont le culte s'adresse au Soleil, telles que celle d'Osiris, d'Adonis, d'Orion, etc. La religion de Jésus-Christ n'échappe pas à cette règle, ce qui prouve une fois de plus que sa base même est bien le culte du Soleil.

En cherchant un peu, on ne trouve pas une coutume, un rite, un dogme du Christianisme qui n'ait eu son précédent dans les religions anciennes où le culte du Soleil était en honneur. Les chrétiens supposent le Christ mourant *suspensus in ligno*. Cette idée ne leur appartient pas; les adorateurs d'Atys le représentaient aussi, dans sa passion, attaché à un arbre, lequel arbre était ensuite coupé en cérémonie.

Dans les premiers siècles de l'Eglise, on rappelait le mystère de la passion du Christ par le bois sur lequel on le supposait mort et au pied duquel se trouvait l'Agneau immolé qui le représentait. Ce symbole encore n'a pas une origine directe, car les adorateurs d'Atys plaçaient aussi l'Agneau ou le Bélier équinoxial au pied de l'arbre que l'on coupait au milieu de la nuit où se célébrait le mystère de ses souffrances.

L'objet de tous ces mystères anciens était la Lumière, la grande Divinité de tous ces peuples. Tous leurs actes de joie, toutes leurs fêtes correspondant à la pâque actuelle n'avaient qu'un but : glorifier le retour et le triomphe du Dieu Lumière. Or, dans notre Christanisme actuel, ou passé, que voyons-nous? Jésus proclamant lui-même : « Je suis la Lumière du monde. » Ces paroles qu'on lui prête inconsciemment, ne dénotent-elles pas l'origine et les faits d'où elles ont été tirées? On a humanisé le personnage et on lui a mis dans la bouche des paroles qui dénotent toute sa nature astrologique. Ne trouvons-nous pas dans l'Apocalypse même cette phrase : « Venez, je vais vous montrer la nouvelle épouse de l'Agneau et les noces de l'époux ? » Pour quiconque veut réfléchir un instant, ce langage symbolique n'indique-t-il pas clairement l'entrée de la Lumière dans le signe de l'Agneau et son intime union avec ce même Agneau symbolique ? Tout cela est confus et incompréhensible pour quiconque y cherche le divin ou le révélé, mais tout cela devient clair et précis pour celui qui veut y lire ce qu'il y a, c'est-à-dire la description, dans le style allégorique alors en usage, de tous les phénomènes astrologiques connus et observés

La ressemblance entre tous ces cultes, y compris le Christianisme, a été d'autant plus facile à établir que tous ces mystères sont de même nature et ont pour objet le triomphe de la Lumière. Dans la religion de Mithra, c'est sous le signe du Bœuf céleste; dans le Christianisme, c'est sous le signe de l'Agneau. Ces faits, nous l'avons déjà dit, ne sont pas dus au hasard, nous avons prouvé qu'ils reposaient sur le phénomène de la précession des équinoxes. A l'époque de la religion de Mithra, l'équinoxe du printemps corres-

pondait au signe du Bœuf ou Taureau céleste, tandis qu'à
l'époque du Christianisme, l'équinoxe du printemps correspond au signe du Bélier. Ce changement a mis 2.000 ans à
s'accomplir, mais il n'y a que cela de changé. L'agneau a
remplacé le bœuf comme animal symbolique par suite d'un
phénomène céleste, ce qui prouve une fois de plus l'origine
tout astronomique du Christianisme.

Certaines sectes, parmi les premiers chrétiens, n'avaient
pas tout-à-fait perdu le fil des origines de leur culte. Les
Manichéens, par exemple, disaient que le Soleil était le
Christ lui-même. Le fait est attesté par Théodoros et par
Cyrille de Jérusalem.

Saint Léon lui-même dit que les Manichéens plaçaient
Jésus-Christ dans la substance lumineuse du Soleil et dans
celle de la Lune, qui n'est elle-même que la lumière du Soleil
réfléchie. Dans leurs prières, ils se tournaient, le jour, du
côté où était le soleil, et la nuit du côté où était la lune.
Toutes nos églises, cathédrales, etc., sont orientées de l'ouest
à l'est, de façon que l'officiant ait le visage tourné vers le
soleil levant.

Les Grecs, dans leur étroitesse de jugement, faisaient ab-
jurer aux Manichéens, comme un des principes de leur foi,
que Jésus-Christ et le Soleil ne fussent qu'une seule et même
personne. Cela prouve simplement qu'en leur faisant abju-
rer ces vérités pour adopter une erreur, c'est-à-dire l'existence de Jésus-Christ comme homme réel, cela prouve,
disons-nous, que les Grecs n'étaient que d'intolérants et
crédules ignorants.

En résumé, nous croyons avoir montré assez de traits de
ressemblance entre le Christ et le Dieu Soleil pour que tout
homme non prévenu et voulant faire usage de sa raison
puisse admettre que les deux divinités sont absolument les
mêmes et qu'à part quelques questions de détail, le fond de
la légende est absolument le même. Ayant fait un homme
du Christ, on a imaginé les détails de sa passion, de sa mort
et de sa résurrection. En fait, cette résurrection fictive suivait de très près la mort, mais les écrivains sacrés, afin de
donner à leur personnage toutes les apparences d'une émanation directe de la Divinité, ont imaginé le décor de la fête
de l'Ascension. Un Dieu ne pouvait mourir et rester enfoui
dans le sein de la terre comme un simple mortel, il fallait
un triomphe, une apothéose grandiose destinée à frapper
l'imagination des croyants; de là la légende de l'ascension,
que nous allons examiner dans le chapitre qui va suivre.

CHAPITRE XI

L'Ascension

Des quatre évangélistes, Marc *est le seul* qui nous apprenne que Jésus, après son ascension, est ASSIS A LA DROITE de Dieu. L'Eglise nous enseigne qu'il n'y a qu'un seul Dieu, mais en trois personnes. Comme clarté, ce n'est pas très limpide, mais c'est, paraît-il, un mystère et nous devons croire sans chercher à comprendre. Quoi qu'il en soit, voilà donc Jésus-Christ, qui est Dieu lui-même, qui vient s'asseoir à sa propre droite. On nous a toujours enseigné que Dieu est un pur Esprit et cet Esprit que personne ne peut définir se trouve avoir à sa droite! — la droite d'un Esprit?? — un corps humain, être physique parfaitement constitué. Et dire qu'on est obligé de discuter de pareilles doctrines! Mais une réflexion nous vient : avant son incarnation, où donc pouvait bien se trouver le Christ?... La trinité sainte devait pourtant exister!

Mais revenons à notre sujet, c'est-à-dire au fait même de l'Ascension. Il est bien évident que rien d'historique, rien de solide dans cette légende ne résiste à l'examen. D'abord, comme dans tous leurs récits, les évangélistes nous offrent dans la narration de ce fait pourtant si capital les plus choquantes contradictions. Ils commencent par ne pas s'entendre sur le lieu où le Maître leur apparut pour la première fois APRÈS sa résurrection.

D'après Mathieu, Jésus ressuscité apparaît à Marie-Madeleine lorsqu'au *sortir du sépulcre* elle accourt auprès des disciples. D'après Jean, c'est *au sépulcre même* où elle vient pour la seconde fois après avoir annoncé à Pierre et à Jean que le tombeau était vide.

D'après Mathieu, c'est *sur une montagne* de Galilée que Jésus ressuscité apparaît à ses onze apôtres pour la première fois. D'après Jean, au contraire, c'est *bien loin de la Galilée, c'est à Jérusalem*, dans une *maison* dont les portes sont fermées, le soir même du jour où Jésus s'était montré à Marie-Madeleine près du sépulcre. Jean dit que Jésus ressuscité apparaît à sept de ses disciples sur le rivage de la mer de Thibériade, il leur parle et ils ne le reconnaissent pas.

7

Il y aurait une foule de détails, de contradictions à relever, mais cela deviendrait fatiguant. Passons au fait même de l'Ascension.

D'après l'évangile de Marc, il semblerait que Jésus s'éleva vers le ciel de la maison même où il apparut aux apôtres pendant qu'ils étaient à table. On lit en effet : « Il apparut aux onze pendant qu'ils étaient à table.... Or le Seigneur, après leur avoir parlé, fut enlevé au ciel, etc... » On a essayé de disjoindre ces faits, mais il est évident qu'ils se tiennent et que ce n'est que par violence qu'on a introduit un changement dans leur jonction.

Luc, dans son évangile, rapporte que Jésus alla avec ses disciples jusqu'à Béthanie. Dans les Actes des Apôtres, la scène est placée sur la montagne des Oliviers. Qui croire dans tout cela ? Selon Marc et Luc, l'ascension parait avoir eu lieu le *jour même* de la résurrection. Dans les Actes des Apôtres, il est expressément remarqué que les deux évènements furent *séparés* par un intervalle de *quarante jours*. C'est cette thèse qui a subsisté jusqu'à nos jours. « Plus on se racontait, dit le Dr Strauss, les apparitions diverses de Jésus ressuscité, plus on les mettait dans des lieux différents, mais le court espace d'un jour suffisait pour ce que le ressuscité avait fait sur la terre ; si le temps plus long qui devint nécessaire fut fixé à quarante jours, cela vient du rôle que joue ce nombre dans la légende juive et dans la légende chrétienne. De même que le peuple d'Israël avait passé quarante ans dans le désert, Moïse séjourna quarante jours sur le mont Sinaï ; Moïse et Élie ont jeûné quarante jours et Jésus lui-même avant la tentation a habité dans le désert pendant un temps non moins long sans nourriture. De même que toutes ces périodes de transitions avaient eu pour limite le nombre quarante, de même ce nombre s'offrait tout particulièrement pour fixer l'intervalle mystérieux entre la résurrection et l'ascension. »

Maintenant il est très important de remarquer que ni Mathieu ni Jean ne disent rien qui se rapporte à l'ascension *matérielle* et *visible* de Jésus ; ils supposent bien son élévation à la droite de Dieu, mais ils sont muets sur le mode de cette élévation. Un tel silence de deux évangélistes sur un événement de cette importance a fort embarrassé les commentateurs orthodoxes des textes évangéliques.

Il ne peut s'expliquer, suivant le Dr Strauss, que dans l'hypothèse où l'idée de l'ascension de Jésus ne se serait formée que postérieurement à la rédaction du premier et du quatrième évangile. Une fois qu'on se fut représenté Jésus comme assis à la droite de Dieu, on voulut le voir prendre son essor pour atteindre ce but; l'imagination des premiers chrétiens établit la transition entre le Jésus terrestre et le Jésus céleste. L'idée qu'on se faisait de son retour du haut du ciel étant celle d'une *descente* visible au sein des nuées, on dut se figurer son départ au ciel comme une ascension visible sur une image. D'ailleurs l'ascension de Jésus n'avait-elle pas des précédents bibliques dans l'enlèvement d'Énoch et surtout dans l'ascension d'Élie ?

Nous étant donné pour mission d'expliquer et de dévoiler le christianisme, nous jugeons utile de suivre l'ordre chronologique des fêtes chrétiennes, mais il est facile de remarquer que certaines fêtes, telles que l'Ascension, la Pentecôte et la Toussaint, ne figurent que comme fêtes secondaires et purement rituelles. Les fêtes fondamentales qui sont la base même du christianisme, c'est à dire de la religion du Soleil, sont : *Noël*, fête de la naissance du Soleil, *Pâques* et *l'Ascension*, fêtes de son exaltation et de son triomphe, et l'*Assomption*, fête de la Vierge céleste qui semble être la mère du Dieu-Soleil dont le culte a pris par la suite un développement considérable dans le polythéisme contemporain.

En somme, les fêtes que nous appelons rituelles, dont les principales sont la Pentecôte et la Toussaint, ont été greffées sur le tronc principal. L'Eglise leur a donné un caractère d'importance qu'elles n'avaient nullement à l'origine du christianisme. L'explication de ces fêtes ne rentrerait pas dans notre système qui a pour base l'explication du culte par les mouvements des astres en général et du Soleil en particulier; néanmoins nous nous y arrêterons, ne fût-ce que quelques instants, afin de bien prouver que, pas plus que les autres elles ne reposent sur des faits positifs et que ce sont simplement des variations composées sur un thème donné.

Cela posé, nous allons maintenant examiner la fête de la Pentecôte, la plus importante de l'année chrétienne après la fête de Pâques.

CHAPITRE XII

La Pentecôte

Le mot pentecôte vient d'un mot grec qui signifie cinquantième jour. On sait, en effet, que cette fête est célébrée cinquante jours après la fête de Pâques. Comme la plupart des fêtes chrétiennes, elle a son origine juive. En changeant de religion, elle a changé de signification, mais dans le cas présent elle en a complètement changé. En effet, chez les Juifs, elle est célébrée en mémoire du don de la loi fait à Moïse cinquante jours après la sortie d'Egypte; tandis que chez les chrétiens, elle est destinée à célébrer la mémoire de la descente du Saint-Esprit sur les apôtres.

De la fête juive nous ne parlerons pas. Au commencement de cet ouvrage nous avons examiné l'origine des légendes juives et de Moïse lui-même, nous avons examiné la foi qu'on pouvait leur accorder, nous allons donc maintenant étudier la Pentecôte chrétienne et voir si elle mérite plus de crédit que sa sœur la fête juive.

D'abord, malgré le caractère d'immuabilité dont voudrait se targuer l'Eglise catholique, la fête de la Pentecôte, comme tout ce qui est humain, a subi d'importantes modifications rituelles.

Dans les premiers siècles du christianisme on appelait Pentecôte, tantôt le jour même de la descente du Saint-Esprit sur les Apôtres et la fête qui la célébrait, tantôt l'espace de cinquante jours qui sépare Pâques de la Pentecôte. En effet, à l'origine du christianisme cette période de cinquante jours était une sorte de fête permanente qui se terminait par la fête directe de la Pentecôte. Quand nous disons : *fête permanente*, nous entendons fête dans le sens que comprenait l'Eglise, c'est-à-dire allégresse du cœur et de l'esprit qu'aucune marque extérieure de pénitence ne venait troubler. Il était, par exemple, interdit aux fidèles de prier *à genoux*, le jeûne était proscrit, il était recommandé aux fidèles de se *récréer!* par la lecture des Actes des Apôtres, etc.

On le voit, il ne manquait rien pour que la joie fut complète.

Après la fête de Pâques, celle de la Pentecôte est évidemment la plus importante des fêtes de la chrétienté ; cela se conçoit quand on réfléchit à l'importance du miracle qu'elle rapporte, et qui est évidemment un des plus extraordinaires que puisse revendiquer une religion. Voyons donc ce que fut ce miracle.

D'après le livre des Actes des Apôtres, le *seul* document sur lequel repose cette tradition, voici ce qui se serait passé : les apôtres et les disciples qui s'étaient dispersés et avaient pris la fuite lorsqu'on avait arrêté leur maître, qui étaient même allés jusqu'en Galilée, puisque, d'après l'Évangile de Matthieu, c'est en Galilée que Jésus aurait donné rendez-vous aux siens et aurait été vu par eux, les apôtres et les disciples seraient revenus à Jérusalem et auraient passé leur temps en prière dans une chambre haute.

Le cinquantième jour après la résurrection du Christ ils étaient assemblés au nombre de 120 et priaient, lorsque soudain un bruit semblable à un vent impétueux se fit entendre du ciel et des langues « comme de feu » descendirent et se posèrent sur la tête de chacun d'eux. Aussitôt ils furent remplis du Saint-Esprit et se mirent à parler des *langues étrangères* qu'ils n'avaient *jamais apprises*.

Suivant l'auteur de l'Acte des Apôtres, les juifs venus de différents points pour assister aux fêtes de la Pentecôte à Jérusalem, parlaient quinze idiomes différents, pas un de plus pas un de moins. Eh bien ! les 120 disciples se mirent à parler toutes ces langues, et aussitôt, malgré la confusion qui dut se produire et rappeler d'assez près la tour de Babel, les représentants de ces quinze nationalités respectives distinguèrent leur langage particulier, et, chose plus surprenante encore, ils surent sans que personne leur en eut rien dit que les disciples étaient tous Galiléens et s'écrièrent : « Comment donc les entendons-nous parler chacun dans notre propre langue ? »

Une pareille histoire créée de nos jours ne mériterait même pas les honneurs de la discussion. Un auteur qui voudrait l'expliquer aurait ses entrées d'honneur dans un cabanon de Charenton, mais du fait qu'elle date de dix-neuf siècles, elle devient, paraît-il, discutable, et puisqu'il y a encore des êtres se disant intelligents, qui y croient ou qui feignent d'y croire, discutons-là donc, et pour ceux qui voudront bien nous lire et chez qui le flambeau de la raison n'est pas complètement éteint, essayons d'en démontrer toute l'inanité. Mais, hélas ! nous ne illusionnons pas, ceux qui nous liront et qui nous comprendront sont précisément ceux qui n'ont pas besoin d'être convaincus ; quant aux autres, pauvres et dociles aveugles, ils resteront ce qu'ils ont toujours été, les naïfs jouets des prêtres dont Voltaire a dit avec tant de justesse :

. . . .
Notre crédulité fait toute leur science.

Pour en revenir à notre confusion de langages, disons qu'il est impossible d'expliquer que les juifs parlant quinze idiomes différents eussent pu s'écrier en entendant les Apôtres : « Les gens qui parlent ne sont-ils pas tous Galiléens? etc. » Comment dans ce tumulte chacun peut-il connaître qu'il y a des habitants de quinze pays divers? Comment le Mède sait-il qu'on parle Crétois? Comment l'Arabe sait-il qu'on parle latin, etc.? A mesure qu'on avance dans le récit les impossibilités et les contradictions fourmillent; comment des hommes témoins d'un phénomène aussi merveilleux ont-ils pu dire des apôtres qu'ils étaient ivres de vin doux? Et si maintenant l'on énumère la fin du récit, on se heurte à une nouvelle difficulté. Lorsqu'on accuse les disciples d'ivresse Pierre prend aussitôt la parole pour répondre à ce reproche, et, d'après le livre des Actes, 3,000 personnes se convertirent après son discours. Or, pour être convertis par le discours de Pierre, il fallait qu'ils l'eussent compris et par conséquent que Pierre parlât quinze langues différentes à la fois.

Vous croyez peut être que ces raisonnements ont arrêté les Pères de l'Eglise? ce serait bien mal les connaître; pour échapper à ce dilemme, ils ont imaginé que le miracle du don des langues ne s'était pas accompli dans la bouche de l'orateur mais bien *dans les oreilles* des auditeurs; les apôtres, de leur côté, ne parlaient que leur langue naturelle, mais les auditeurs entendaient chacun la sienne. Et voilà! ce n'est pas plus difficile que cela de faire croire une absurdité à ceux qui sont tout disposés à l'entendre.

Voilà donc les grosses contradictions du livre des Apôtres bien démontrées; mais il y a mieux encore. A côté de ces contradictions, de ces impossibilités, il y a les inexactitudes matérielles. En effet, il est parlé de quinze langues. Examininons un peu où on les trouve :

Voici d'abord les provinces de l'Asie-Mineure, on n'y parlait qu'une langue, le grec hellénique; de même en Crète, en Egypte, dans la Cyrénaïque; personne n'ignore enfin qu'à Rome on parlait aussi le grec; ce qui réduit neuf de ces langues étrangères à l'idiome hellénique. Quant à la Mésopotamie, on y parlait le chaldéïque, la même langue qu'on parlait à Jérusalem. De même pour l'Arabie, la Parthie et la Médie. En résumé, nous trouvons donc deux idiomes, le chaldéïque et

le grec hellénique, résumant les quinze langues qu'auraient parlé les auditeurs de saint Pierre.

De tout cela que conclure, si ce n'est qu'il est impossible
de prendre à la lettre, ni même au sérieux, le livre des Actes
des Apôtres, ainsi que la tradition adoptée par l'Eglise sur
la première Pentecôte ? Et nous devons également conclure
que le ou les auteurs de ce livre n'ont même pas vécu dans
les contrées dont ils nous parlent, puisqu'ils ne savaient
même pas quels idiomes y étaient en usage.

Mais de tout cela qu'importe-t-il !

Pendant de longs siècles encore, on verra à la Pentecôte
de bons naïfs s'empresser à l'église pour assister à la bénédiction de l'eau baptismale, tandis que dans les vieilles cathédrales de province les orgues mugiront en tempête pour
rappeler aux fidèles attendris l'impétuosité du souffle du
Saint-Esprit.

La crédulité humaine est une mine inépuisable.

Voilà donc la fête de la Pentecôte expliquée. Nous allons
continuer l'ordre chronologique en passant à la fête de l'Assomption ; avec cette fête, qui est l'apothéose de la Vierge
Marie, nous allons rentrer dans le cadre même des fêtes
purement astronomiques et le lecteur jugera si, comme pour
Noël et Pâques, il ne retrouve pas dans le ciel l'explication
de l'apothéose de la Vierge-Mère du dieu Soleil.

CHAPITRE XIII

L'Assomption

Au chapitre de la nativité du Christ intitulé : Noël, nous
avons montré l'origine de la légende qui fait naître Jésus
d'une Vierge qui reste vierge en devenant mère. Nous avons
expliqué assez longuement le caractère purement allégorique de cette fable qui trouve une explication rationnelle
quand on veut bien y voir ce qu'il y a réellement, c'est-à-
dire une allégorie ; mais puisque la religion chrétienne a
voulu faire de Jésus-Christ un homme réel, il fallait bien
lui donner une origine terrestre ; c'est ce qui a été fait en
faisant femme la Vierge céleste qui, comme telle, existait
bien antérieurement à la légende du Dieu fait homme.

Avant d'examiner et d'expliquer selon notre théorie la fête de l'Assomption, voyons de quelle façon l'Eglise catholique nous la présente.

D'après ce qu'on nous enseigne, le Christ en mourant avait recommandé sa mère au disciple Jean : On croit donc qu'elle le suivit à Ephèse et qu'elle y mourut. Rien de plus incertain du reste que le lieu de cette mort, l'imagination de nos pères a créé sur ce sujet les légendes les plus merveilleuses. L'une d'elles représente la Vierge mourant à Jérusalem entourée des apôtres, transportée miraculeusement dans les airs et au même instant de tous les points de l'univers. Près de la couche de Marie, seul Thomas manquait à la réunion, il arrive en retard comme lors de la résurrection de Jésus ; il obtint qu'on ouvrit le tombeau où le corps avait été déposé pour contempler une dernière fois les traits de la Mère du Rédempteur, mais, ô prodige ! le corps avait disparu ne laissant que des parfums et un linceul blanc comme neige. Telle est la légende que nous donne l'Eglise catholique.

Quoiqu'il en soit, on ne commença à honorer la mort de la sainte Vierge, sous les noms de : Déposition, Repos, Dormition, etc., que vers le commencement du v° *siècle*.

L'assomption corporelle de Marie n'a jamais été donnée par l'Eglise comme un article de foi, mais la croyance générale des catholiques est que la sainte Vierge est en corps et en âme dans le ciel. La plupart des Pères grecs et latins qui ont écrit sur ce sujet après le IVe siècle, sont de ce sentiment. En Orient, on commença à célébrer cette fête sous Justinien, d'autres disent sous Maurice, contemporain de saint Grégoire-le-Grand. André de Cuti, sur la fin du VIIe siècle, dit que cette fête n'existait que dans quelques églises ; mais au XIIe siècle elle fut étendue à tout l'empire par une loi d'Emmanuel Comnène. Toutefois, saint Grégoire de Tours paraît être le premier qui ait rapporté que Marie ait été enlevée corps et âme au ciel.

En fait, il n'existe aucun monument sur l'époque précise où a été instituée cette solennité ; mais elle remonte aux premiers temps, car elle figure dans les plus anciens martyrologes.

Jusqu'au VIe siècle, et peut-être après, elle se célébrait le 18 janvier, ce qui n'empêchait du reste pas de la célébrer encore le 15 août.

En France, la fête de l'Assomption a pris un caractère véritablement solennel et en quelque sorte national depuis l'époque où Louis XIII choisit ce jour pour mettre sa personne et son royaume sous la protection de la Vierge et pour demander au ciel un dauphin par l'intercession de la Mère du Sauveur.

Napoléon Ier l'avait désignée pour le jour de sa propre fête et Napoléon III l'avait décrétée fête nationale.

En résumé, comme pour tous les faits religieux du christianisme, nous ne savons rien de précis, rien d'historique sur cette fête aujourd'hui officiellement classée. Tout ne repose que sur des légendes, des contradictions et des impossibilités matérielles. Il est bien évident que l'assomption corporelle, c'est-à-dire l'élévation au ciel de la Mère de Jésus-Christ en chair et en os est encore plus absurde si possible que l'Ascension du Christ lui-même. Nous ne voyons pas pourquoi les Pères de l'Eglise n'ont pas ajouté à l'ascension de Jésus et de sa Mère celle de son père Joseph, qu'il nous semble devait y avoir au moins autant de droits qu'un prophète, fût-il un Elie ou un Enoch!

En somme, les cieux sont donc habités jusqu'à ce jour par *quatre corps humains* qui sont: Jésus, sa Mère Marie, Enoch et Elie. Voilà quatre personnages qui, avec leurs fonctions humaines, s'ils sont obligés de les accomplir, doivent faire une singulière figure au milieu des purs esprits du séjour des Elus. Il serait curieux de se demander si la nature humaine en pénétrant dans le lieu d'éternelle félicité a conservé toutes ses infirmités et tous ses tristes besoins.... Si oui, comment les élus y parent-ils? et comment y subviennent-ils? Si non, c'est qu'ils ont abandonné leur dépouille mortelle, alors qu'est devenue cette dépouille??

Mais ne perdons pas notre temps à discuter de pareilles niaiseries, laissons cela aux Conciles dans lesquels on discutait sur la distance qui devait exister entre chaque œil de Dieu!

Pour en revenir à notre théorie, si ce que nous avons dit sur Jésus-Christ en tant que Dieu Soleil est exact, il doit en être de même sur sa mère, la fameuse Vierge céleste, qui semble lui donner le jour. En un mot, si Jésus-Christ n'est qu'un être mythologique ou plutôt astrologique, sa mère doit de toute nécessité avoir le même caractère, et s'expliquer par les mêmes procédés.

Donc huit mois après sa naissance, le Dieu Soleil, après avoir triomphé à Pâques, arrive à l'apogée de sa puissance; il arrive à parcourir le huitième signe du Zodiaque: la Vierge céleste, il *l'absorbe* dans ses feux; la Vierge va disparaître au milieu des rayons lumineux et de la gloire de son fils.

Ce phénomène qui se renouvelle tous les ans vers le *milieu du mois d'août*, donne lieu à une fête, cette fête subsiste encore. C'est dans cette fête qu'on suppose que la Mère du Christ, dépouillée de sa vie mortelle, *est associée* à la gloire de son fils et placée à ses côtés dans les Cieux.

Le calendrier Romain de Columelle marque à cette époque la mort ou disparition de la Vierge. Le Soleil, dit-il, passe dans la Vierge le 13 avant les calendes de septembre. Les chrétiens y placent l'Assomption, qui autrefois s'appelait fête du passage de la Vierge ou la réunion de la Vierge à son fils.

Les anciens Grecs et Romains y fixaient l'Assomption d'Astrée, qui est encore cette même Vierge. Au bout de trois semaines ou environ le calendrier marque la naissance de cette même Vierge-Constellation, c'est-à-dire son dégagemens des rayons solaires; le 3 avant les Ides, dit-on, la Vierge se lève. Nous fixons à la même époque la Nativité de la Mère de Jésus-Christ, en sorte que la même constellation qui naît en septembre, préside à minuit à la naissance de Jésus-Christ le 25 décembre ou semble l'enfanter, se trouve réunie à lui et éclipsée dans sa gloire au milieu d'août. Ainsi, sans changer quoi que ce soit à cette chronologie, cette Vierge éprouve absolument tout ce qu'éprouve la Mère du Christ et absolument aux mêmes époques où sont fixées les fêtes dans lesquelles on célèbre ces divers événements.

Voyons! lecteur impartial, homme non prévenu, peut-on trouver un accord plus singulier! Si notre théorie n'était pas absolument vraie, serait-il possible de trouver une pareille coïncidence sur tous les points, se rapportant aussi exactement à la mère que nous l'avons vue se rapporter au fils. En toute conscience, en toute sincérité, cette explication n'apparait-elle pas mille fois plus rationnelle que ces explications amphigouriques d'enlèvement miraculeux, de cercueil embaumé et vide que nous donnions (d'après l'Eglise) au commencement de ce chapitre.

Cette Vierge, dans l'antiquité qui précéda le christianisme, était la déesse Isis, qui donna naissance au Dieu Jour.

Chose étrange, on retrouve encore de nos jours sur les frontispices des temples de cette même vierge, tous les caractères astronomiques qui appartiennent à la constellation qui ouvrait l'année. Cette fameuse Isis était la déesse des anciens Francs ou des Suèves qui joignaient toujours à son culte le vaisseau symbolique connu sous le nom de vaisseau d'Isis.

Ce vaisseau se retrouve dans les armes de Paris, car Isis en était la déesse tutélaire.

La cathédrale Notre-Dame de Paris conserve sur son portail, à gauche en entrant, la description gravée dans la pierre du culte rendu à Isis. Les douze signes du Zodiaque sont sculptés sur le contour du quadrilatère qui forme le cadre de la porte et rangés six par six perpendiculairement de chaque côté suivant l'ordre correspondant des domiciles. Au haut d'un côté, c'est le côté droit et à la place d'honneur, on voit *le Lion*, domicile du Soleil; de l'autre côté, à gauche, *le Cancer*, domicile de la Lune; au dessous du Lion, en descendant, on remarque *les Gémaux*, domicile de Mercure; *le Taureau*, domicile de Vénus; *le Bélier*, domicile de Mars; *les Poissons*, domicile de Jupiter et *le Verseau*, domicile de Saturne. De l'autre côté, au dessous du Cancer, correspond aux Gémaux la case qui *devrait être* occupée par la Vierge; au dessous, c'est *la Balance*, portée par une femme, c'est le domicile de Vénus; ensuite le *Scorpion*, domicile de Mars; au-dessous le *Sagittaire*, domicile de Jupiter; et un peu plus bas le *Capricorne*, domicile de Saturne; en sorte que les cinq domiciles des planètes se correspondent de chaque côté.

Ce qu'il y a de plus singulier dans ce monument, c'est que la Vierge céleste ne se trouve pas à la suite de la Balance, du Scorpion, ni dans aucune des cases des animaux célestes. Le statuaire s'est mis à sa place, entre le Cancer et la Balance; on l'y voit représenté avec le tablier, le marteau et le ciseau à la main, taillant et sculptant la pierre. Pourquoi cette singularité? Pourquoi, de toutes les constellations, la Vierge seule ne se trouve-t-elle pas en rang avec les autres? En voici la raison : Comme la dame du lieu, la déesse à laquelle le temple est consacré, on l'a séparée de la foule et placée *au centre de la porte* et des douze divisions des signes, tenant entre les bras le dieu Lumière enfant, qu'elle vient de mettre au jour, ayant sous ses pieds *un serpent* qui s'entortille autour d'un arbre, tel enfin que le dragon des Hespérides, le dragon ou Python, que tue le dieu de la lumière, Apollon; le dragon monte dans les cieux à la suite de la Vierge et avec la Balance, comme on peut le voir avec un globe céleste et comme l'annoncent les sphères persique et barbare, imprimées dans les notes sur Manilius par Scaliger. A côté du serpent sont les figures d'Adam et d'Eve. Elle est ici telle que l'Apocalypse l'a désignée avec la couronne de douze étoiles représentative des douze mois, dont elle ouvre la marche, et des douze signes qui y répondent; ce symbole est absolument le même que celui des douze autels de Janus qui a son siège dans la même constellation;

Cette Vierge de l'Apocalypse a avec elle l'image du Soleil et de la Lune, dont elle ouvre la révolution, et ressemble en cela à la fameuse Latone, mère d'Apollon et de Diane, qui, au moment d'accoucher, est poursuivie par le terrible serpent Python, qui se lève toujours à sa suite et la poursuit.

Quant à l'enfant ou au dieu Lumière dont elle porte l'image entre ses bras, on le représente sur le monument non seulement enfant, mais avec six graduations d'âge, correspondant aux six mois pendant lesquels l'année gradue sa lumière, depuis son état d'enfance jusqu'à sa vieillesse. On voit sur le côté intérieur du pilier qui porte cette Vierge et l'enfant, un jeune homme de douze ans, au-dessus un de dix-huit, plus haut un jeune homme qui a à peine de la barbe, au-dessus un homme fait avec la barbe, plus haut un homme d'un âge plus mûr et d'une barbe plus forte, enfin le dernier est un vieillard dans la décrépitude. De l'autre côté, on a marqué la graduation de la chaleur. En haut est un jeune homme nu absolument, qui est à l'ombre d'un arbre, pour représenter les chaleurs solsticales. Au-dessous, il est couvert d'un voile léger depuis la ceinture jusqu'en bas. Plus haut, pour représenter le passage de l'équinoxe, celui de la jeunesse de la nature à sa vieillesse, c'est un jeune homme à deux visages tels que ceux de Janus, l'un jeune et l'autre vieux. Il est incliné obliquement à l'horizon et comme couché de manière que la figure jeune regarde la partie supérieure du ciel, où est la jeunesse du ciel, et la figure du vieillard regarde la terre ou la partie inférieure des signes, où est le siège de l'hiver qui approche. Ici, il a un manteau, mais il ne couvre que la moitié de son corps prise dans la longueur et que la partie vieille, de façon que le bras et l'épaule, le côté et la cuisse qui regardent la partie supérieure et appartiennent à la figure qui a tous les traits de la jeunesse soient absolument découverts. Au-dessous de ce Janus, on retrouve le même homme à un seul visage bien enveloppé dans un manteau. Au-dessous il est représenté courbé sous un fagot de bois qu'il emporte chez lui. Enfin, au dernier tableau, c'est-à-dire au plus bas, on le voit assis près d'un grand feu et au-dessus de lui plusieurs fagots entassés. En comparant ce dernier tableau au premier ou à celui du solstice qui est plus haut, c'est-à-dire à l'homme tout nu à l'ombre sous un arbre, en les comparant ensuite à celui qui occupe le point du milieu et qui est moitié couvert et moitié nu, il est impossible de méconnaître le but du sculpteur qui a été de marquer les graduations successives de la chaleur. De même de l'autre côté, en comparant le tableau inférieur du jeune adolescent avec celui d'en haut qui offre tous les traits de la décrépitude et en examinant les nuances graduées des autres tableaux, on voit aisément qu'on y a représenté le dieu Soleil ou le jour dans ses différents âges, comme on faisait en Egypte ou en Italie dans les mystères du Soleil.

Outre ces douze tableaux destinés à représenter la graduation du jour et celle de la chaleur, on voit encore rangés autour d'Isis ou de la Vierge, qui tient dans ses bras le dieu Jour enfant, douze autres tableaux correspondant à chacun des signes du Zodiaque et exprimant les opérations agricoles de chaque mois. Ainsi, à côté du Cancer, signe du mois de juin, on voit un homme qui aiguise sa faulx; à côté du signe où devrait être la Vierge, un homme coupe la tête des épis; à côté de la Balance, un homme foule la cuve pleine de raisins; à côté du Scorpion, signe d'octobre, un homme ensemence la terre, et ainsi des autres. De tout cela, il résulte que le but de l'auteur de ce monument, qui forme un système complet de 36 tableaux entourant la Vierge, a été de la représenter avec tout le cortège qui convient à la déesse de l'année, des jours et des saisons, dont elle fixait le commencement par son ascension à minuit au solstice d'hiver, telle enfin que devait être l'Isis égyptienne par laquelle on désignait l'année.

Nous ne nous étendrons pas plus longtemps sur les rapports de ressemblance ou plutôt sur l'identité de notre Isis ou de Notre-Dame avec l'Isis ou la dame des Egyptiens, et avec la Vierge pure et immaculée de la sphère persique qui allaite le jeune enfant appelé Christ et Jésus. Terminons par cet emprunt à Macrobe qui montre à quelle haute antiquité il faut remonter pour trouver la tradition du culte rendu à la Vierge mère :

« Jusqu'aujourd'hui, dit l'auteur, l'Egypte a consacré les « couches d'une vierge et la naissance de son fils qu'on ex- « pose dans une crèche à l'adoration du peuple. Le roi Pto- « lémée ayant demandé la raison de cet usage, les Egyp- « tiens lui répondirent que c'était un mystère enseigné à « leur père par un prophète respectable. » Or, un prophète chez les Egyptiens était un chef d'initiation.

Conclusion : Comme la légende de Jésus, celle de la Vierge, sa mère, est bien antérieure à la naissance du Christianisme et il faut reconnaître que tous les récits, Actes des Apôtres ou autres Evangiles ne sont que des réminiscences même peu changées du culte égyptien rendu à Isis, la Vierge céleste. C'est bien le cas de dire : Il n'y a rien de nouveau sous le Soleil...

Nous nous sommes étendus un peu longuement sur cette fête de l'Assomption qui clôt la série des fêtes astrologiques ayant une origine directe d'après les anciens cultes. Nous allons arriver à la dernière fête de l'année catholique, c'est-à-dire à la Toussaint. Cette fête sort entièrement de notre système d'explications. Aussi n'en parlerons-nous que pour bien démontrer que ces malheureux chrétiens n'ont rien qui soit absolument à eux, pas même le nom de leurs saints les plus illustres et les plus renommés.

CHAPITRE XIV

La Toussaint

La fête de la Toussaint (tous-saints), ainsi que son nom l'indique, a pour but de célébrer la mémoire de tous les saints. Il est presque superflu de dire qu'elle est de création purement canonique. En effet, jusqu'au viie siècle, elle fut totalement inconnue. Ce ne fut que vers l'an 607 que le pape Boniface IV dédia l'église du Panthéon, à Rome, à la Vierge et à tous les martyrs. L'ancien temple païen prit alors le nom de Notre-Dame-des-Martyrs. Vers l'an 731, le pape Grégoire III érigea une chapelle en l'honneur de tous les saints dans l'église de Saint-Pierre de Rome ; depuis ce temps, la Toussaint, ou fête de tous les saints, a toujours été célébrée à Rome. En France, cette fête s'introduisit, en 837, sous le règne de Louis-le-Débonnaire, à l'occasion du voyage de Grégoire IV dans ce pays. Elle fut bientôt adoptée dans toutes les provinces. L'Église grecque célébra cette fête un peu avant l'Église romaine, c'est-à-dire à partir du ive siècle, mais alors elle était célébrée le premier dimanche après la Pentecôte et ce ne fut que sous Grégoire III qu'elle fut fixée au 1er novembre, c'est-à-dire au viiie siècle seulement.

La fête de la Toussaint ne rentre à aucun point de vue dans le cycle des fêtes purement astrologiques dont nous avons déjà entretenu le lecteur. Aussi n'en parlons-nous que pour ne pas déroger à la ligne que nous nous sommes tracée de donner une explication à toutes les fêtes chrétiennes en démontrant leur origine. Quant aux noms de saints dont notre calendrier est rempli, beaucoup ont certainement vécu et ont payé de leur vie la foi qu'ils pouvaient avoir dans le culte naissant du christianisme, mais par contre, *beaucoup* d'autres aussi n'ont jamais existé que dans l'imagination par trop fertile de traducteurs véritablement zélés ; nous allons en donner quelques exemples :

Les anciens honoraient Bacchus sous le nom de Dionysios ; c'était son vrai nom chez les Grecs, on avait imaginé différentes aventures tragiques par lesquelles ce dieu finissait sa vie. Tantôt on l'avait coupé en morceaux pour le faire cuire, tantôt il avait été mis à la broche. En Egypte, on célébrait sa mort sous le nom de mort d'Osiris et une tête de papyrus abandonnée aux flots du Nil, allait en porter la triste nouvelle à Biblos. Il était regardé comme le premier instituteur de la religion et des mystères, ainsi qu'Eleuthère qui les établit suivant Hygin. On lui donne à lui-même cette épithète, qui en latin est traduite par *Liber*, nom le plus ordinaire de Bacchus chez les Latins. On célébrait en son honneur deux fêtes principales, l'une au printemps, l'autre au commencement de l'automne. La première se célébrait *dans* la ville et s'appelait *Urbana* ; celle d'automne se célébrait *hors* la ville et à la campagne et s'appelait *Rustica* ; on y ajouta ensuite un jour de fête par flatterie en l'honneur de Demetrius, roi de Macédoine, on appela cette fête *Festum Demetrii*. Ce prince tenait sa cour à Pella, près du golfe de Thessalonique. Eh bien on en a fait tout simplement un martyr de Thessalonie en 303.

On donnait aussi à Dionysios son nom oriental de Bacchos ou Bacchus ; on en a fait un martyr d'Orient sous le nom de saint Bacchus, martyrisé en l'an 302, précisément en même temps que saint Demetrius en Macédoine. Les fêtes d'automne de Bacchus devaient donc, d'après ce que nous avons dit, être annoncées dans le calendier païen de cette manière : *Festum Dyonisii, Eleutherii, Rusticum*. Nos bons aïeux ont tout simplement traduit fête de saint Denis, de saint Eleuthère et de saint Rustique ses compagnons. Ils ont lu au jour précédent *Festum Demetrii* ; ils ont mis la veille dans leur calendrier fête de saint Demetrius, martyr de Thessalonique, et la surveille, fête de saint Bacchus ; de sorte que si on lit le bref ou calendrier dont se servaient il n'y a pas encore bien longtemps nos bons pères, on y verra le 7 octobre, *festum S. Bacchi ;* le 8, *festum S. Demetrii :* le 9, *festum SS. Dionysii, Eleuthère et Rustici.*

Dans le poème de Nonnus sur la vie de Bacchus, il est dit que ce Dieu terminait ses voyages et ses conquêtes par ses

amours avec Aura; on le voit donc personnifié dans le
poëme. Eh bien, deux jours avant la fête de Bacchus, on
fête sainte Aure et sainte Placide. Cette fête tombe la surveille de celle de saint Bacchus et le lendemain de celle de
saint Denis, c'est-à-dire le 5 octobre.

Cet accord entre nos fêtes et celles du calendrier athé-
nien au même temps de l'année serait bien étonnant si ce
n'était pas la même chose. Rien n'est incroyable dans une
société d'hommes qui font profession de tout croire sans
examen, et où une seule réflexion critique est un sacrilège.

C'est ainsi que la formule de vœux formée par les anciens
pour le bonheur des autres et pour le sien propre, et qui s'ex-
primait par les mots *perpetuam felicitatem* est devenue pour
les chrétiens une invocation à sainte Perpétue et à sainte
Félicité qu'ils ne séparent plus l'une de l'autre. C'est à peu-
près de même, mais moins par ignorance que par une suite
du génie allégorique qui personnifiait tout, que les anciens
Romains personnifièrent les vœux de bonne année dont les
souhaits renfermaient ces mots : *quod faustum Felix que sit;*
formule usitée partout chez les Romains. Ils en firent Faustus
et Félix, frères de Janus ou du génie qui ouvrait l'année.

Des mots *rogare* et *donare* les chrétiens en ont fait saint
Rogatien et saint Donatien qu'ils unissent toujours dans leurs
litanies.

On pourrait faire une foule de recherches curieuses en
comparant les calendriers anciens avec les nouveaux et il ne
serait pas difficile de prouver qu'on a conservé une quantité
d'anciens génies, êtres physiques ou moraux personnifiés,
dont on a fait des saints. On pourrait prouver que le saint
Georges des chrétiens terrassant le dragon est le même que
celui dont on fête l'apparition en Egypte dans le même temps
et les mêmes lieux où l'on célébrait autrefois Persée com-
battant le monstre auquel est exposée une jeune fille qu'il
délivre; la légende, les figures, sont absolument les mêmes.
On pourrait faire voir que la belle étoile appelée Margarita à
cause de son éclat, est placée précisément au-dessus de la
constellation du serpent d'Ophiucus qui déroule au-dessus
d'elle ses longs replis. Le calendrier de Ptolémée fixe au
17 juillet le coucher de cette brillante étoile, or la fête de
sainte Marguerite est fixée au 20 juillet! Les chrétiens ont
donc fait de cette Margarita leur sainte Marguerite. Ils la représentent foulant aux pieds un serpent...

Les chrétiens fêtent également saint Hippolyte traîné par
ses chevaux comme le fils de Thésée, et on en montre les reliques à Saint-Denis!... Les restes de Thésée furent décou-

verts, dit-on, par Cimon dans l'île de Séyros, où il avait été enterré et transporté en grande pompe à Athènes. On sacrifia à ces reliques comme si c'eût été lui-même qui fut revenu dans cette ville. On répéta tous les ans ce sacrifice solennel qu'on fixa au huitième jour de novembre. Or, dans le calendrier des chrétiens, nous trouvons la fête des reliques précisément à cette date du 8 novembre !... Maintenant, naïfs croyants, adorez vos saints, si vous y croyez toujours.

Ne poussons pas plus loin ces recherches, il faudrait tout expliquer et cela nous entraînerait hors des limites que nous nous sommes fixées. Nous venons de terminer par cet examen rapide de la fête de tous les saints, la revue des grandes fêtes chrétiennes. Il nous reste maintenant, avant de terminer cet ouvrage, à envisager et à étudier rapidement quelques-uns des dogmes fondamentaux du christianisme.

Nous n'entrerons pas dans de grands détails.

Nous tenons simplement à bien montrer au lecteur que toutes ces croyances, tous ces dogmes qui paraissent avoir une origine si mystérieuse et si profonde, quand on les regarde superficiellement, s'écroulent et laissent voir leur origine bien simple et souvent naïve dès qu'on veut bien se donner la peine de les étudier d'un peu près.

CHAPITRE XV

LES DOGMES

Unité — Trinité — Polythéisme chrétien

L'Eglise chrétienne se targue de professer le culte de l'unité divine. On nous enseigne partout qu'il n'y a qu'un seul Dieu et pourtant il n'y a pas un culte plus polythéiste que le culte chrétien. Sans parler de la division déjà complète de l'unité divine en *Sainte Trinité*, il s'est greffé sur l'arbre religieux une quantité de sous-cultes, si l'on peut s'exprimer ainsi, qui ont, dans ces derniers siècles surtout, pris une véritable importance. Remarquons d'abord que le christianisme proprement dit, c'est-à-dire le culte du Christ lui-même, absorba à peu près totalement le culte rendu primitivement à Dieu le Père. Chacun sait que tout véritable chrétien s'en tient dans ses invocations au seul Jésus ; les églises chrétiennes sont pleines de l'image ou de la statue du Christ et uniquement du Christ. On y voit crèche, chemin de croix, crucification, ascension, etc., mais tout cela, bien entendu, pour la seule gloire du Fils. Le Père est totalement ou à peu près totalement omis.

Vers le commencemet du XVII° siècle, les Jésuites exploitant les crises hystériques d'une malheureuse fille du nom de Marie Alacoque, imaginèrent de créer le culte du Sacré-Cœur de Jésus. Dès le début, ce nouveau culte rencontra au sein même de l'Eglise une violente hostilité. En Espagne, le chapitre des cathédrales de Cadix et de Séville les repoussèrent avec force, mais la reine de Portugal fit bâtir, en 1718, une église pour les carmélites qu'elle dédia au Sacré-Cœur. Quoique attaqué par une foule d'écrits, combattu avec acharnement par l'évêque de Pistoré Ricci, le culte du Sacré-Cœur, après différentes alternatives, finit par prendre consistance, et sous le pontificat de Pie VI, grâce aux protections que ce pape accorda aux jésuites, il prit véritablement rang de culte. Son triomphe fut complet sous Pie IX, qui, par deux décrets, certifia : 1° l'authenticité des miracles de Marie Alacoque et 2° l'éleva au rang de sainte bienheureuse.

Ainsi, dit M. Lanfrey, les rêveries d'une pauvre idiote visiblement atteinte de nymphomanie, prirent corps et devinrent un symbole offert à l'adoration des peuples.

Pour couronner ce bel ouvrage, l'Assemblée de 1871 déclara *d'utilité publique* la construction, à Montmartre, d'une église en l'honneur de ce culte que le pape Benoît XIV avait appelé « idolâtrie ».

Au culte de Jésus et de son Sacré-Cœur, il faut ajouter le culte de la Vierge sa Mère, qui a elle-même le culte de son « sacré cœur », fondé par une certaine Marie des Vallées, autre genre de folle hystérique qui mourut en 1655, mais qui sous le rapport de l'extravagance ne le cède en rien à Marie Alacoque.

Cela nous fait quatre cultes bien distincts : 1° Dieu le Père ; 2° Jésus-Christ le fils ; 3° culte du Sacré-Cœur de Jésus ; 4° culte de Marie Mère de Jésus et même culte du cœur de Marie ; mais il y a encore le culte, moins répandu, il est vrai, mais qui n'en est pas moins rendu à ce bon Joseph, père tout au moins putatif de Jésus. Il y a le culte rendu au Saint-Esprit ; le culte rendu à Saint Antoine de Padoue, qui a pris ces dernières années une extension véritablement scandaleuse ; enfin, il y a les cultes rendus aux grottes plus ou moins

mystiques : Lourdes, la Salette, Sainte-Anne-d'Auray, etc.,
où de pauvres visionnaires, bergères ou autres petites pay-
sannes, crurent voir des apparitions de la Vierge « mère de
Dieu » et qui donnent naissance à des pèlerinages, à des
cultes particuliers et à l'élévation de riches chapelles, d'é-
glises même dont l'élévation a coûté ou coûtera des millions, et, qui pendant des siècles, resteront comme les plus
grandioses monuments élevés à la bêtise humaine de notre
époque.

Voilà donc une dizaine de cultes bien établis dans une
même religion qui a la prétention de n'adorer qu'un seul
Dieu, il est vrai, mais en trois personnes !

Du reste, pour être juste, il faut reconnaître que Jésus-
Christ avait réellement prêché le culte de Dieu le Père. Si,
vers la fin de ses prédications, il sembla vouloir se confondre avec son divin Père, il ne se donna jamais réellement
comme Dieu lui-même. Et en expirant sur le bois de la
croix, ses dernières paroles furent encore : Elie, *mon Père*,
pardonnez-leur, etc. A cette minute suprême, Jésus-Christ
ne se donnait même pas pour Dieu.

Le dogme de l'unité de Dieu fut donc bien le premier
dogme théologique des chrétiens. Il ne fut nullement
particulier à leur secte. Il a été imaginé par tous les anciens
philosophes et la religion mère populaire chez les païens,
au milieu du polythéisme apparent, admet toujours un premier Dieu, chef et source de tous les autres qui lui sont su-
bordonnés. Tel était le grand Jupiter chez les Grecs et les
Romains.

Les Pères de l'Eglise, comme les philosophes païens, dé-
montrent l'unité de Dieu par l'unité du monde, ou l'unité de
cause par l'unité d'effet. Saint Athanase dit : « Comme il
n'y a qu'une nature et qu'un ordre pour toutes choses, nous
devons conclure qu'il n'y a qu'un Dieu, artiste et ordon-
nateur, et de l'unité de l'ouvrage déduire celle de l'ouvrier. »

Le dogme de l'unité Divine a été proclamé par tous les
Pères de l'Eglise; il nous reste maintenant à examiner comment a pris naissance le dogme de la trinité.

L'Homme fut comparé à l'Univers et l'univers à l'homme,
et comme on appela l'homme le microcosme ou le petit monde, on fit du monde un géant immense qui renfermait en
grand, et comme dans sa source, ce que l'homme avait en
petit et par émanation.

On remarque qu'il y avait en l'homme un principe de
mouvement et de vie qui lui était commun avec les autres

animaux. Ce principe se manifestait par le soufle, en latin *spiritus* ou l'esprit.

Outre ce premier principe, il en existait un second, celui par lequel l'homme raisonnant et construisant des idées, arrive à la sagesse ; c'est l'intelligence qui se trouve en lui à un degré beaucoup plus élevé que chez les autres animaux. Cette faculté de l'âme humaine s'appelle en grec « logos » qui se traduit en latin par *ratio* et *verbum*. Ce mot grec exprime deux idées distinctes rendues par deux mots différents, en latin : par raison, et en français : par verbe ou parole. La seconde n'est que l'image de la première ; car la parole est le miroir de la pensée, c'est la pensée rendue sensible aux autres et qui prend en quelque sorte un corps dans l'air modifié par les organes de la parole.

Ces deux principes dans l'homme ne font pas deux êtres distincts de lui, on peut cependant les distinguer en les personnifiant, mais c'est toujours l'homme pensant et vivant dans l'unité duquel se confondent toutes ses facultés comme dans leur source.

En résumé, le *Spiritus*, c'est-à-dire le soufle ou l'esprit ; le *Logos*, c'est-à-dire le verbe ou parole, forment avec l'Être lui-même, dont ils sont une sorte d'émanation directe, la fameuse Trinité qui est une, tout en étant trois. C'est cette théorie purement matérielle qui a été spiritualisée par les chrétiens, mais il n'en est pas moins vrai qu'elle a été tirée d'une idée purement matérielle.

On ne peut douter que ce ne fut un dogme reçu dans les plus anciennes théologies, que Dieu était une substance lumineuse et que la lumière constituait proprement la partie intelligente de l'âme universelle du monde. Il suit de là que le Soleil qui en est le plus grand foyer dut être regardé comme l'intelligence même du monde ou au moins comme son siège principal. De là les épithètes de *Mens mundi* : Intelligence du monde, que lui donnent les théologiens anciens.

Toutes ces idées ont passé dans la théologie des chrétiens. Ainsi le Christ dieu Soleil est aussi le fils ou le Verbe, le logos ou l'intelligence du grand Dieu-Univers qui est le Dieu-Père pour les chrétiens.

Du reste, cette théorie de la Trinité, comme tout ce qui caractérise les religions en général et le christianisme en particulier, n'est qu'un simple emprunt. Cette théorie de la Trinité appartenait bien des siècles avant le christianisme à la religion hindoue. La Trimourti ou Trinité hindoue se compose aussi de trois personnes : Brahma, Vichnou et Siva, et ces trois dieux forment aussi un dieu unique. Il y a encore d'autres ressemblance assez frappantes. Ainsi, Brahma est le père et Vichnou le fils premier né, quand à Siva, si ce n'est pas le Saint-Esprit, il s'en approche beaucoup en ce sens que son symbole est le feu et que c'est sous cet emblème que le Saint-Esprit descendit sur les apôtres.

Ce qu'il y a d'étrange dans le dogme de la Trinité, chez les chrétiens, c'est qu'en prétendant qu'il n'y a qu'un *seul* Dieu, ils ont la prétention d'expliquer que ce Dieu est en trois personnes parfaitement distinctes. Si vous demandez à un docteur chrétien si ces trois personnes de la Trinité ne seraient pas tout simplement trois points de vue différents sous lesquels ils envisageraient le même Etre, par exemple si Dieu le Père ne serait pas envisagé comme puissance et force infinies ; si le Fils ne serait pas conçu comme intelligence suprême et si le Saint-Esprit ne serait pas conçu comme amour infini, ils repoussent avec horreur une pareille interprétation qui de leur avis et du nôtre aussi du reste, a le grave tort de supprimer les trois personnes distinctes de la Trinité pour ne laisser subsister qu'une seule personnalité envisagée sous différents aspects. Telle l'âme humaine peut être considérée tantôt comme sentant, tantôt comme percevant, tantôt comme imprimant le mouvement aux organes personnels. Si maintenant on presse les docteurs chrétiens sur ce qu'il y a de contradiction dans les trois personnes de leur Trinité, on demeure confondu de la pauvreté de leur raisonnement et l'on constate que pour expliquer ce qu'ils ne comprennent pas eux-mêmes, ils en reviennent insensiblement à l'explication même qu'ils repoussaient avec horreur il y a quelques moments.

Ecoutez ce que dit saint Augustin, un des plus grands controversistes chrétiens :

« Qui est-ce qui comprend la toute puissante Trinité ? Et cependant qui n'en parle pas si toutefois c'est bien d'elle que l'on parle ? Il y a peu d'intelligences qui sachent ce qu'elles en disent, lorsqu'elles en parlent ».

Jusqu'ici, c'est parfait. Saint Augustin oublie seulement de s'appliquer à lui-même les paroles si sensées qu'il vient de prononcer.

« Je suis, je connais, je veux ; je suis connaissant et voulant, je connais qui je suis et ce que je veux et je veux être et connaître ».

Comprenne qui pourra comment ces trois choses constituent une vie indivisible, une seule vie, une seule âme, une seule essence, comment enfin elles sont inséparables dans leur distinction et cependant distinctes Voilà l'homme en face de lui-même, qu'il se regarde, qu'il voie et qu'il réponde. Et s'il parvient à comprendre ces choses et à les expliquer, qu'il ne croie pas pour cela avoir compris l'être qui est au-dessus de ces choses, l'être immuable qui *est*, qui *connaît* et qui *veut* immuablement. Ces trois choses constituent-elles la Trinité, où se trouvent-elles toutes les trois dans chaque personne?

Saint Augustin termine cette explication par ces questions : « Qui pourrait l'expliquer en aucune manière ? Qui pourrait en parler sans témérité ? »

Pour arriver à cette conclusion, il ne fallait vraiment pas se donner tant de tourments. Nous voilà aussi avancés qu'au point de départ. Ce mystère est décidément aussi incompréhensible avant qu'après la démonstration.

La conclusion de toutes ces dissertations, c'est qu'il est impossible de démontrer ce que l'on ne comprend pas soi-même. Or l'Église veut nous faire croire une chose qu'elle ne comprend pas, qu'elle n'explique pas et que, par conséquent, elle ne peut réellement croire. C'est le triomphe de l'absurde. *Credo quia absurdum.* Je crois parce que c'est absurde !

Nous avons rapidement envisagé les dogmes de l'Unité et de la Trinité.

Nous avons vu que, comme tout ce qui se rattache au christianisme, il n'était qu'une réminiscence de ce qui avait existé bien des siècles auparavant.

Nous touchons à la fin de notre ouvrage, mais avant de terminer, nous allons jeter un rapide coup d'œil sur l'institution des sacrements, base fondamentale du christianisme actuel. En en dévoilant l'origine, nous allons montrer une fois de plus quelle est cette origine, si l'on peut l'appeler céleste et si Jésus-Christ peut en être considéré comme le fondateur ou même l'inspirateur.

CHAPITRE XVI

Des Sacrements

L'Eglise actuelle nous enseigne qu'il y a sept sacrements : le Baptême, la Confirmation, la Pénitence, l'Eucharistie, l'Extrême-Onction, l'Ordre et le Mariage.

Faudrait-il croire que ces sept sacrements ont été institués par l'Eglise naissante, et qu'ils nous ont été transmis par ceux qui se donnent comme les continuateurs de Jésus-Christ sur la terre ?

Ce serait une profonde erreur. Tertullien, le premier, introduisit dans le langage dogmatique de l'Eglise le mot sacrement, en latin *sacramentum*. A l'origine ce mot avait une signification plutôt vague ; il s'appliquait aussi bien aux mystères qu'aux dogmes mêmes, voire aux actes symboliques célébrés avec une solennité particulière.

Les anciens écrivains chrétiens parlent du *sacrement* de la Trinité ou de l'Incarnation et ils désignent quelquefois par ce mot la religion chrétienne elle-même. Saint Augustin donne le nom de sacrement au sel qu'on déposait sur la langue des catéchumènes et Tertullien va jusqu'à l'appliquer à la croix. Ces diverses significations du même mot expliquent en partie le peu d'accord qu'on remarque dans les écrivains religieux des premiers siècles de notre ère, quand ils parlent du nombre des sacrements. Ce n'est guère qu'au xiiᵉ siècle que ce nombre fut fixé à sept.

Tertullien parait n'en avoir connu que deux dans le sens strict du mot : le Baptême et l'Eucharistie. Dans une de ses lettres, saint Augustin n'en mentionne lui aussi que deux, le Baptême et la Communion, comme formellement établis par Jésus-Christ, bien qu'ailleurs il qualifie de sacrements l'Ordination, le Mariage, l'Extrême-Onction et même l'exorcisme qui accompagnait le Baptême. Saint Jean Chrysostome ne parle que de deux sacrements, toujours les mêmes ; mais Denis l'aréopagite ou plutôt l'anonyme qui se cachait sous ce nom, comptait déjà six mystères ou sacrements, savoir : le Baptême, la Communion, la Bénédiction du chrème, l'Ordination, l'Etat monacal et les Rites mortuaires. Cependant, au ixᵉ siècle, nous voyons encore Raban Maur ne reconnaître que deux sacrements. Dans sa célèbre exposition de la foi orthodoxe, Jean Damascène ne traite également que du Baptême et de la Communion, et dans son *livre des Origines*, Isidore de Séville n'en mentionne pas davantage. Paschan Radbert, un contemporain de Raban Maur, n'en admet également que deux. Il en est de même de Béranger de Tours qui vécut au milieu du xi° siècle. Il faut descendre jusqu'au xii° siècle pour trouver une opinion différente sur ce sujet. Godefroi, abbé de Vendôme, vers 1120, compte cinq sacrements et, en 1124, Otton, évêque de Bamberg et apôtre de la Poméranie, en portait le nombre à sept, s'il faut en croire son biographe Canisius.

Le chiffre de sept ne devint pourtant général et définitif qu'à partir de Pierre Lombard. Avec l'immense autorité qui s'attachait à son nom, ce docteur n'eût pas de peine à faire adopter son opinion et, dès lors, on reconnut les sept sacrements dans l'ordre suivant de leur importance : 1° l'Eucharistie ; 2° le Baptême ; 3° l'Ordre ; 4° la Confirmation ; 5° la Pénitence ; 6° l'Extrême-Onction ; 7° le Mariage.

Enfin, ce fut saint Thomas d'Aquin qui fixa définitivement la théorie des sept sacrements et au xv° siècle elle fut admise au nombre des articles de foi par le Concile de Florence. La décision de ce Concile fut sanctionnée un siècle plus tard par celui de Trente.

En résumé, en y regardant de près ce n'est donc qu'au xvi° siècle que fut définitivement arrêté le nombre des sacrements ; jusqu'à cette époque il n'y eut rien d'officiel. Les docteurs ou les pères de l'Eglise augmentaient ou diminuaient, suivant leur façon de voir ou de croire, le nombre des sacrements. Voilà qui prouve encore une fois de plus que rien n'est immuable dans les religions en général et tout particulièrement dans le christianisme ; tous les rites, tous les dogmes, toutes les croyances même se sont modifiés et se modifient journellement encore, malgré l'apparence d'immuabilité que voudrait se donner l'Eglise. Forcément, son enseignement doit s'adapter en quelque sorte sur l'intelligence à l'instruction du peuple auquel elle s'adresse. L'Eglise n'oserait plus enregistrer que Dieu créa le monde en six journées de 24 heures, que la lumière a été créée avant le Soleil et que tout infidèle qui ne veut pas croire à son enseignement est un possédé du démon qui ne mérite que le bûcher. Aujourd'hui, l'Eglise met des formes ; elle ose à peine excommunier un écrivain que, jadis, elle eut envoyé au bûcher. L'Eglise sent sa base fléchir ; elle voudrait se concilier les bonnes grâces de sa terrible rivale, la Science, mais elle ne pourra y parvenir, car il faudrait qu'elle aban-

donnât ses vieilles erreurs, ses vieux enseignements, et elle
ne le pourra pas. Toute son histoire repose sur ces faits ; en
voulant les renier, elle se renierait elle même. Aussi ne le
fera-t-elle pas ; elle tâchera de pallier, de concilier les dires
de ses livres avec les découvertes de la Science. Vains artifices ! Avec le temps, tout cela croulera au milieu de l'indifférence et de l'ironie générales.

Dans quelques siècles, nos descendants se demanderont
avec curiosité comment des peuples relativement aussi instruits que nous le pouvons être ont cru à toutes les balivernes
débitées par nos prêtres. La religion du peuple de l'avenir,
pour ceux qui en auront besoin, sera simple, claire, pure.
L'adoration de l'Intelligence suprême, de l'Incompréhensible, de Dieu en un mot, en sera la seule base. Pour cela,
point ne sera besoin de prêtres, ni d'évêques, ni de papes,
point de livres voulant expliquer ce qu'ils ne comprennent
point, point de luxe, point de costumes ni de décors fastueux. La courte prière de l'enfant agenouillé au pied de son
lit n'est-elle pas cent fois plus émouvante que l'interminable
patenôtre marmotée par l'évêque couvert de ses vêtements
lamés d'or et d'argent?

Le culte de l'avenir sera simple ou il ne sera pas.
L'homme croyant abandonnera toutes les momeries ac-
tuelles, il comprendra que tout cela a été créé non pas pour
honorer la divinité, mais tout simplement pour frapper l'i-
magination, pour en imposer à l'humanité crédule. Pour
jouer sa comédie, le prêtre a besoin d'une scène, d'un décor.
Pour la masse croyante, le prêtre à l'autel est un demi-dieu.
De la chaire, sa parole tombe comme la voix de Dieu même.
Il distribue des indulgences d'une main, mais de l'autre il
mendie pour le denier de Saint-Pierre de Rome ou.... les
âmes du Purgatoire.

Mais revenons à notre sujet.

Il est bien établi que les sacrements officiellement admis
aujourd'hui n'ont été reconnus comme tels, du moins pour
cinq d'entre eux, il y a 300 ans à peine. Mais encore ces
deux sacrements fondamentaux, le Baptême et l'Eucharistie, sont-ils bien de création chrétienne et Jésus-Christ, fondateur du christianisme, les a-t-il véritablement institués?

Tertullien, dont nous avons déjà cité divers passages et
qui fut un des premiers docteurs de l'Eglise, assure que la
religion mithriaque ou des Perses avait ses épreuves prépa-
ratoires même plus rigoureuses que celles des chrétiens,
qu'elle avait ses croyants, ses fidèles défenseurs et même ses
martyrs. Il prétend que les sacrements du Baptême, de la

Pénitence et de l'Eucharistie se trouvaient dans cette religion. Les sectateurs de Mithra marquaient leur front d'un signe sacré comme les chrétiens le font au Baptême. Quelques jours après sa naissance, l'enfant était porté au temple, on le présentait au prêtre devant le Soleil et devant le feu qui en était le symbole. Alors le prêtre prenait l'enfant et le baptisait pour *la purification de l'âme.* Quelquefois, il le plongeait dans un vase plein d'eau. C'est dans cette cérémanie que le père donnait le nom à son enfant. Ils avaient la doctrine et l'image de la résurrection. On leur présentait la couronne qui orne le front des martyrs. Leur souverain-pontife ne pouvait avoir été marié plusieurs fois ; ils avaient leurs vierges et la loi de continence. Eh bien ! mais voilà, il me semble bien des traits de ressemblance avec la loi des chrétiens. Il est vrai que Tertullien a recours au diable, imitateur et copiste, pour expliquer une ressemblance aussi parfaite, mais nous, qui croyons peu au pouvoir du diable, nous nous disons simplement ceci : Si la religion mithriaque, qui est antérieure à la secte chrétienne de quelques milliers de siècles lui ressemble par tant de points, c'est évidemment que l'une a été copiée sur l'autre. Or il est de toute évidence que les derniers venus ne peuvent être que les copistes. Comme les chrétiens sont de beaucoup les derniers venus, la conclusion est facile.

Mais, disent les irréductibles, admettons encore, si vous le voulez, qu'il ait pu exister une cérémonie antérieure rappelant la cérémonie du Baptême chrétien, mais l'Eucharistie, la communion, la Cène en un mot, n'est-elle pas une création propre et absolument unique de Jésus-Christ. Y a-t-il rien de semblable à ce sublime sacrifice dans aucune autre religion ?

C'est ce que nous allons examiner : l'Eglise catholique, pour nous expliquer la fondation du sacrement de l'Eucharistie, se base sur cette parole des Evangiles : « Prenez et mangez, ceci est mon corps », avait dit Jésus-Christ en présentant le pain à ses apôtres, puis il aurait ajouté en leur présentant la coupe de vin : « Buvez, ceci est mon sang », et il aurait dit ensuite : « Faites ceci en mémoire de moi. » Suivant la doctrine chrétienne, le pain et le vin que le prêtre consomme, le pain qu'il offre aux fidèles contiennent réellement et substantiellement le corps et le sang de Jésus-Christ, sa double nature humaine et divine. En revanche, la réalité du pain et du vin, c'est-à-dire leur substance même a disparu, il n'en reste que de simples apparences, il y a eu *transsubstantiation,* c'est-à-dire changement de substance

C'est ici le point capital des dissidences qui séparent catholiques et protestants, et même les protestants entre eux.
Malgré toute la soi-disant limpidité des textes sacrés, ses in-
terprétateurs n'ont pu se mettre d'accord entre eux sur leur
sens exact. Les luthériens admettent bien la présence réelle
de Jésus-Christ dans l'Eucharistie, mais ils n'admettent pas
la disparition de la substance même. D'après eux, il y a
union intime des deux, c'est-à-dire *consubstantiation*.

D'un autre côté, Zwingle prétend que la communion n'est
pas la répétition *réelle* de la Cène, mais qu'elle n'est, au
contraire, que la répétition symbolique.

Suivant Calvin, l'Eucharistie ne renferme que la vertu du
corps et du sang de Jésus-Christ. Comme explication, ce
n'est peut-être pas très clair, mais ce fut admis tout de
même par une secte nombreuse, et il ne faut pas oublier que
Luthériens, Calvinistes et Zwingléens luttèrent d'ardeur
pour ne pas être confondus.

Maintenant, du côté des Pères de l'Eglise, il ne faudrait
pas croire que la croyance à la présence réelle ait été una-
nime dès l'origine du Christianisme. Jusqu'au v° siècle, les
Pères de l'Eglise hésitèrent fortement sur le caractère de
l'Eucharistie. Saint Justin avait affirmé positivement la
présence du Christ dans le sacrement, mais il ne s'était
nullement expliqué sur la question de savoir si la substance
du pain et du vin disparaissait ou subsistait; il avait négligé
la transsubstantiation. Saint Irénée avait admis la présence
réelle, mais sans que la substance du pain ou du vin dispa-
rût. C'était l'opinion renouvelée par Luther. Saint Irénée
joignait même à son opinion cette doctrine bizarre que l'Eucharistie communiquait au corps l'incorruptibilité et la faculté de ressusciter. Saint Clément d'Alexandrie, Origène
Tertullien, saint Athanase, saint Grégoire de Naziance, saint
Bazile avaient, au contraire, professé l'opinion de la présence mystique figurée ou spirituelle, opinion renouvelée
par Zwingle ou par Calvin. Saint Hilaire et saint Ambroise
reprirent la doctrine de saint Irénée. Le premier qui exposa
nettement la transsubstantiation fut saint Cyrille, suivi en
cela par saint Chrysostôme et par saint Gérôme. En revanche, saint Augustin se prononça pour le sens figuré. Comme
on le voit, les idées étaient des plus partagées. Les textes,
malgré leur apparente limpidité, pouvaient donner lieu à
diverses interprétations, toutes de la meilleure foi du monde.
Aucun Concile n'ayant posé nettement la question, les esprits erraient et brodaient à l'envi. Ce ne fut guère qu'au
vIII° siècle que la question fut délibérée au Concile de Jéru-

salem (754); mais alors, loin de s'éclaircir, elle s'embrouilla
davantage. En effet, tandis que ce Concile optait pour le
sens figuré, le Concile de Nicée, tenu quelques années plus
tard, décidait pour la présence réelle. L'Occident ne
s'occupa de ce point qu'un siècle plus tard, encore la
question resta-t-elle irrésolue ; mais, chose singulière, il
est à remarquer que, quoique marchant silencieusement, l'i-
dée avançait dans le sens de la présence réelle; il semblait
utile et pour ainsi dire nécessaire d'outrer le fait pour le
rendre sinon possible, du moins admissible. Le mystère de
l'Eucharistie présenté comme symbole en mémoire d'une
cérémonie d'adieu était une banalité trop simple pour cons-
tituer un dogme; il y fallait l'étrange et troublant symbole
de la chair et du sang du divin Sauveur absorbés et digérés
par l'initié, et, pour bien compléter toute l'étrangeté de cet
acte, il fallait bien pénétrer le fidèle de cette idée que le
pain et le vin absorbés n'étaient pas un emblème, mais
étaient réellement et entièrement la chair et le sang de
Jésus Christ, le divin Maître.

Au xɪᵉ siècle, un archidiacre d'Angers nommé Bérenger,
voulut relever l'opinion de saint Augustin, à savoir que la
Communion est une répétition figurée de la Cène, mais le
clergé français le défèra à un concile tenu en 1050, et le concile l'excommunia. Cette sentence fut renouvelée par plusieurs autres conciles tenus à Brionne (en Normandie), à
Verceil, à Paris, à Tours et plus tard encore à Rome.

Dans cette dernière assemblée, chose remarquable et qui
prouve combien on hésitait encore sur ce dogme, il se trouva
une minorité considérable pour appuyer l'opinion de Bérenger et la soutenir opiniâtrément pendant trois jours. Après
Bérenger la question ne fut reprise avec éclat qu'au xvɪᵉ siècle par les protestants; nous avons expliqué plus haut comment ils envisageaient la question.

Nous venons de voir comment l'Eglise avait transformé
le dogme de l'Eucharistie qui, de toute évidence, n'était à
son origine qu'une *allusion symbolique* dans l'esprit de son
fondateur. Mais ce fondateur quel était-il? Naturellement,
si nous écoutons nos bons Pères de l'Eglise, l'énoncé de cette
simple question est un véritable sacrilège. La communion,
la consécration du pain et du vin, l'Eucharistie, en un mot,
ne peut avoir d'autre fondateur que le divin Sauveur, voulant perpétuer à jamais parmi les hommes le souvenir de
son sublime sacrifice. Pourtant, pour l'homme qui veut chercher, pour le penseur qui ne se laisse pas éblouir par les
phrases pompeuses, il y a un enseignement précieux à puiser

dans l'étude des cultes antérieurs au christianisme. On pourra, par exemple, trouver que dans la religion de Mithra, il y avait également une *consécration* du pain accompagnée de paroles mystiques à peu près semblables à celles prononcées par Jésus-Christ; et qui est-ce qui va nous faire part de cette découverte? Saint Justin lui-même, qui dans son Apologie, reconnaîtra que cette oblation eucharistique faisait aussi partie des mystères de Mithra, où l'on prononçait des paroles mystiques sur le pain et sur l'eau qui y étaient offerts. Il est vrai que saint Justin explique cette ressemblance comme les autres, par la fureur qu'a toujours eu le diable d'imiter dans ses institutions tout ce qui devait être un jour pratiqué par les chrétiens. Cette raison pourrait bien ne pas paraître convainquante à ceux pour qui nous écrivons. Quant à ceux qui pourraient s'en contenter, nous ne chercherons pas à les combattre; nous leur disons seulement qu'ils sont forcés de reconnaître une vérité avouée par leurs propres docteurs, savoir : que toutes ces ressemblances existaient effectivement entre ces deux religions, comme elles ont dû exister d'après la théorie que nous avons établie.

Les Persans, qui actuellement sont mahométans, ont néanmoins conservé à travers la suite des siècles quelques-unes des antiques coutumes de la vieille religion du Soleil. De nos jours encore, ils célèbrent tous les ans la fête du Nevrouz pour glorifier l'entrée du Soleil dans le signe du Bélier, à l'équinoxe du printemps. Or, voici en quoi consiste cette fête, le lecteur non prévenu va y retrouver, sauf quelques variantes, l'institution de l'Eucharistie, c'est-à-dire de la Cène.

Un jeune homme se disant *envoyé de Dieu* annonçait au roi qu'il venait lui apporter la nouvelle année. Le roi convoquait toute sa cour et même une foule du peuple. On lui présentait un grand pain composé de graines de différentes espèces, froment, orge, riz, etc., il en mangeait le premier et en distribuait ensuite à ceux qui étaient présents en récitant la formule consacrée : « C'est aujourd'hui le nouveau jour « du nouveau mois de la nouvelle année qui amène un temps « nouveau et dans laquelle va se renouveler tout ce qui est « engendré et produit par le temps. » Il les bénissait et leur distribuait les différents présents.

Ne croirait-on pas entendre Jésus-Christ au milieu de ses douze apôtres qui forment sa cour et son cortège, prendre le pain, le bénir, en manger lui même, puis le distribuer à ses disciples et, en présentant le vin, leur dire : « Voilà le sang « du nouveau testament, nous ne boirons plus de ce jus de

« la vigne jusqu'au moment où je boirai de nouveau avec
« vous dans le royaume de mon père » ?

Mais les points de ressemblance de notre religion à celle
des anciens Perses ne se bornent pas à ces seules coïncidences.

Les Perses ont une théorie sur les anges bien plus complète que la nôtre, ils ont des anges de lumière et des anges
de ténèbres; des combats d'anges et des noms d'anges qui
ont passé dans notre religion ; ils baptisent leurs enfants et
les nomment comme nous au baptème ; ils ont la confirmation et les idées du Paradis et de l'Enfer, ayant cela de commun, du reste, avec les Grecs, les Egyptiens et une foule de
peuples qui avaient leur Elysée et leur Tartare.

Ils ont un ordre hiérarchique et toute la constitution ecclé-
siastique établie parmi nous, constitution qui remonte chez
eux à plus de 3,000 ans! Ils ont douze anges qui président
aux douze mois, comme nous avons douze apôtres ; ils en ont
même trente autres qui représentent les trente jours du mois ;
ils connaissent la fiction théologique de la chute des anges.
Chez nous, chrétiens, chaque jour de l'année n'a-t-il pas son
saint que l'on invoque dans la messe du jour? de même chaque jour chez les Perses avait son ange et la prière de ce
jour-là contenait un compliment pour l'ange du jour. Enfin
leur théologie renferme toutes les opinions sacrées des juifs
et des chrétiens. Et, en effet, cela doit être si, comme nous
avons essayé de le démontrer, la théologie des juifs et celle des
chrétiens, qui est établie sur elle, ne sont que des émanations
de la doctrine ancienne et primitive des Mages et un corol-
laire des principes constitutifs de la science mystique des
disciples de Zoroastre.

Après les deux principaux sacrements que nous venons
d'examiner, il nous reste à parler de l'*Ordre*, de la Confirmation, de la Pénitence, du Mariage et de l'Extrême-Onction.

L'Ordre est destiné aux seuls ministres du culte, il leur
confère le caractère et le droit d'exercer leur mission; l'évêque
seul a le droit de l'administrer. Naturellement l'Eglise nous
apprend qu'il a été institué par Jésus-Christ lui-même, et à
l'appui de ses dires, elle nous lit une phrase d'un apôtre quelconque, laquelle phrase veut aussi bien dire cela que le contraire. Ces choses-là ne se discutent pas, on les croit ou on ne
les croit pas. Ceux qui s'imaginent que le prêtre, par le seul
fait qu'il est prêtre, est un être devenu supérieur et autrement
organisé que le commun des mortels sont libres de croire à
l'influence du sacrement de l'Ordre sur un être humain. Et
ne souriez pas, lecteurs, celui qui écrit ces lignes a entendu

soutenir cette thèse par de fervents catholiques, qu'un prêtre, quelqu'infamie qu'il puisse commettre, par le seul fait qu'il a été ordonné, conserve toujours aux yeux des véritables croyants un caractère sacré qui l'élève de cent coudées au dessus du simple honnête homme !...

La Confirmation qui est, paraît-il, un des trois sacrements qui impriment dans l'âme un caractère ineffaçable, ne peut être reçue qu'une seule fois.

Bien entendu, suivant les Pères de l'Eglise, il a été, de même que les autres sacrements, institué par Jésus-Christ, parlant par la bouche de ses disciples, saint Luc tout particulièrement.

Néanmoins, il est certain que dans les premiers siècles de l'Eglise, l'usage de ce sacrement n'était pas connu. Saint Théophile d'Antioche, au II° siècle, Tertullien, au III°; saint Jérôme, saint Cyprien, le pape Corneille, saint Patien de Barcelone, saint Cyrille de Jérusalem, saint Augustin, Innocent I°r, les conciles d'Elvire, de Nicée, de Laodicée, parlent bien d'une onction qui suivait l'administration du Baptême, mais on ne voit pas qu'ils l'aient distinguée de ce sacrement pour en faire une institution spéciale, un sacrement nouveau. La Confirmation ne paraît pas avoir été dans les premiers temps de l'Eglise un sacrement spécial, c'était tout simplement une cérémonie complémentaire du baptême, c'en était la *confirmation*, et ce qui prouve qu'elle n'était pas regardée comme une institution bien importante, c'est qu'elle n'avait pas de nom bien défini; les Actes des Apôtres l'appellent l'imposition des mains; Théodoret, le parfum sacré; saint Augustin, le chrême; le concile de Laodicée, le chrême saint et céleste ou le chrême du salut, etc... En un mot, comme tout ce qui est humain, ce sacrement a subi de nombreuses transformations avant d'être admis au rang officiel. Si Jésus-Christ, du haut de sa demeure éternelle où il doit siéger à la droite de son Père, suit les évolutions de la religion qui a été fondée en son nom, il doit être bien surpris des *transformations* que le temps et les prêtres ont fait subir à cette morale simple et généreuse qui fait tout le fonds de sa doctrine.

Il nous reste à examiner le sacrement de la Pénitence, celui du Mariage et celui de l'Extrême-Onction.

L'Eglise actuelle fonde son pouvoir de disposer au gré de ses ministres du sacrement de pénitence (c'est-à-dire de la remise des péchés à celui qui les confesse suivant les règles édictées), sur cette parole de l'évangile de saint Jean s'adressant aux Apôtres : « Les péchés seront remis à qui vous les remettrez. ils seront retenus à ceux à qui vous les retiendrez (1) ». Il est à remarquer d'abord, que cette unique déclaration sur laquelle est basée le sacrement de la pénitence se trouve précisément dans un chapitre dont les critiques s'accordent à révoquer en doute l'authenticité. Mais en admettant même que cette citation soit vraie, on ne peut nier une chose, c'est que les premiers chrétiens n'y attachaient aucune importance et que bien des *siècles* s'écoulèrent avant que l'on songeât à établir un sacrement sur ces simples paroles. Dans les premières communautés chrétiennes, on croyait que les fautes commises après le baptême pouvaient être expiées par des pénitences rigoureuses et une confession *publique* de ses péchés. Mais on ne voyait pas dans tout cela un sacrement. Le pécheur, durant sa pénitence, était exclu de l'assemblée des fidèles, il y était réintégré une fois la pénitence accomplie; mais le prêtre qui lui annonçait sa réintégration n'agissait pas en son propre nom, il devait auparavant obtenir l'assentiment de toute la communauté. D'où il ressort qu'à l'origine le pouvoir de remettre les péchés appartenait non pas à un homme, ni même au clergé, mais à l'Eglise tout entière.

Le pouvoir de rémission des péchés dont le prêtre est actuellement dispensateur à son gré, est donc de création relativement moderne, car au xiie siècle les théologiens étaient d'accord à reconnaître que la confession orale, quoique salutaire et utile, n'était cependant pas indispensable au salut. Ce ne fut que vers 1265 que le pape Innocent III, dans le quatrième concile de Latran, fit un devoir aux fidèles de se confesser à leur curé au moins une fois l'an, aux approches de Pâques. Cette modification fit changer la formule d'absolution, au lieu de dire comme auparavant : « Que le Dieu tout puissant ait pitié de toi et te pardonne tous tes péchés », le prêtre disait : « Je t'absous tous tes péchés. » C'était donner au prêtre une influence immense et un ascendant formidable sur le fidèle timide et ignorant.

Cette doctrine nouvelle de la pénitence fut repoussée et combattue par la plupart des réformateurs, ce qui prouve, une fois de plus, qu'ils ne lui reconnaissaient aucune valeur historique et qu'ils se rendaient parfaitement compte que c'était là encore une innovation dont on ne pouvait trouver trace dans les livres sacrés, même en y mettant toute bonne volonté possible.

Il fallut tout le désir de domination dont l'Eglise était

---

(1) Ev. de saint Jean, ch. xx.

assoiffée alors (xiv° et xv° siècles), époque où les peuples et les rois s'inclinaient humblement devant la toute puissance du clergé ; pour que le rôle du prêtre fut exalté à ce point et porté à une telle puissance. On peut s'imaginer du redoublement d'autorité que conféra au prêtre ce pouvoir d'accorder ou de refuser l'absolution des fautes commises et avouées. Dès cette époque, pour les âmes timorées, le prêtre fut un demi-dieu. Et l'on vit des rois puissants et cruels trembler de crainte devant leur confesseur !

Ce pouvoir de rémission des péchés amena les plus scandaleux abus. Le premier soin de l'Eglise fut d'en tirer un profit pécunier, le plus gros possible naturellement. On pouvait racheter sa pénitence par des dons d'argent, par l'achat d'indulgences, etc. Les papes Jean XXII et Léon X poussèrent l'audace jusqu'à faire publier des tarifs qui, sous le nom de *Taxes pénitentiaires sacrées*, faisaient connaître aux fidèles le prix que coûtait la rémission des péchés, et, comme s'il n'avait pas suffi à l'Eglise de recevoir des dons en argent, en terres, etc., elle voulut prélever sa honteuse dîme jusque sur le travail du prolétaire. L'évêque du diocèse auquel appartenait l'ouvrier ou l'artisan, était chargé de fixer à combien s'élevait la valeur de la main-d'œuvre promise ou de la donation industrielle faite et par conséquent qu'elle devait être la remise de la pénitence à subir, l'Eglise faisait flèche de tout bois. Elle vendait des indulgences pour abréger le séjour des morts dans le purgatoire !... Tout se payait, moyennant finances on pouvait se permettre toutes les fantaisies, toutes les malhonnêtetés, voire même les crimes. Il suffisait de payer en conséquence. L'Eglise débitait ses stupides boniments, et froidement empochait l'argent des naïfs croyants.

La fortune colossale de l'Eglise provient en partie de cette source infâme. Cette puissance octroyée aux prêtres détraqua nombre d'esprits en les affolant. Un vent de démence sembla souffler pendant un certain temps dans certains pays. L'Italie, par exemple, vit apparaître vers le xiv° siècle ces sinistres « flagellants » qui, pour obéir à une lettre venue du ciel et portée par un ange à l'église Saint-Pierre de Rome, ne trouvèrent rien de plus intelligent que de parcourir les campagnes, allant d'une ville à l'autre, par bandes de dix à quinze mille hommes et femmes, tous entièrement nus et se fustigeant les épaules mutuellement. On peut imaginer quelles scènes répugnantes créèrent ces bandes sauvages, à telle enseigne que les gouvernants et la cour de Rome elle-même dut les condamner et les interdire. On les chassa, on les

9

brûla même, mais la bêtise religieuse a une telle puissance
sur l'homme que l'Eglise qui avait créé ces horreurs ne put
même pas les réprimer. L'Eglise dut tolérer et plus tard
releva et protégea les flagellants, mais ils ne purent plus se
fustiger en public et ce fut dans leurs cellules que s'accom-
plirent leurs pratiques favorites.

Il y eut encore les fameux *pénitents blancs*, conduits par
des évêques et même par des cardinaux, suivant Théodorius,
qui, vêtus de blanc des pieds à la tête, parcouraient les villes
et les campagnes, couchant pêle-mêle, hommes et femmes,
dans les églises et s'y livrant aux pires excès.

Que devient la morale de ce pauvre Jésus-Christ au milieu
de toutes ces turpitudes? Dira-t-on que c'est là la religion
qu'il a fondée; et pourtant c'est cette religion, ce sont les
traditions de ces bons prêtres dont sont imbus les prêtres
d'aujourd'hui. Le pape d'aujourd'hui, successeur de saint
Pierre, ne reçoit pas les « taxes pénitentiaires » créées par
ses prédécesseurs Jean XXII et Léon X. L'Eglise n'ose plus
pratiquer et enseigner ce qu'elle enseignait il y a cinq siècles
mais sa doctrine est toujours la même et si la taxe péniten-
tiaire n'existe plus ouvertement, il y a toujours dans un coin
de l'église un tronc où le fidèle ira porter sons offrande « pour
les âmes du purgatoire » ou le « denier de saint Pierre ».
L'Eglise n'exige plus, elle mendie! D'ici quelques années,
lorsque la séparation des Eglises et de l'Etat sera un fait
accompli, lorsque le peuple reconnaîtra tout l'absurde qu'il
y a dans le fait d'entretenir un clergé officiel, l'Eglise livrée
entièrement à elle-même, verra sa puissance décroître de
jour en jour sous le poids de l'indifférence générale; on ne
prendra même plus la peine de la combattre; la vieille religion catholique s'éteindra d'elle-même pour renaître sous une
forme plus acceptable et surtout plus en harmonie avec le
niveau intellectuel de l'humanité d'alors. Sans doute cette
transformation complète demandera des siècles pour s'accomplir, mais il serait fou de nier qu'elle ne s'accomplira pas.
Quand on considère ce qu'est l'Eglise d'aujourd'hui avec ce
qu'elle était il y a seulement trois siècles, on est bien obligé de
constater les nombreuses transformations qu'a subies la doctrine. Avant la Révolution française, la puissance de l'Eglise
était pour ainsi dire la seule existante et durable; il n'y
avait pas de puissance terrestre ne se courbant humblement
devant cette force spirituelle; l'excès même de cette puissance, les sinistres abus qu'elle créa furent sa perte. La
réaction fut terrible. A une force aussi colossale il fallut
opposer une force brutale équivalente et il est certain que

les excès de la Révolution furent en partie causés par les haines accumulées de plusieurs générations odieusement oppressées. Mais à l'action brutale succéda l'action spirituelle et la philosophie du xviiie fit plus contre le catholicisme que ne lui avait fait la Révolution. Voltaire, Diderot, Dupuis, Boulanger, sans verser une goutte de sang firent cent fois plus de mal au catholicisme que les noyades de la Loire ou les massacres de Septembre. C'est au xviiie siècle que le coup mortel fut donné! De ce coup l'Eglise ne se relèvera plus : elle pourra vivre longtemps encore, jamais elle ne retrouvera sa puissance passée, pour elle à jamais déchue!

Nous laissant entraîner par cette digression, nous semblons oublier qu'il nous reste deux sacrements à examiner : le *Mariage* et *Extrême-Onction*. Parlons d'abord du Mariage. Il y aurait beaucoup à dire sur ce sacrement ou plutôt sur cet acte qui constitue une des bases principales de la société actuelle. Comme l'Eglise s'est emparée de l'homme dès sa naissance par le sacrement du Baptême, elle a voulu maintenir et affirmer sa conquête en l'unissant dans la cérémonie du Mariage. Bien entendu d'après les Pères de l'Eglise, c'est Jésus lui-même qui éleva le Mariage à la hauteur d'un sacrement et l'Eglise voulut qu'en dehors du mariage qu'elle n'aurait pas sanctifié, il n'y eût qu'une union illégitime et entachée de nullité. On retourna les textes dans tous les sens pour y trouver une parole pouvant donner une apparence de vérité à cette décision, mais ce fut en vain, on ne trouva rien.

Comme il fallait absolument donner un caractère sacré à un acte qui en somme, comme le disent Luther et Calvin, n'est qu' « une chose mondaine devant être traitée comme une affaire de ce monde », le quatrième Concile de Carthage (398) décida que Jésus-Christ avait « sanctifié le mariage et lui avait destiné une grâce particulière ». De là à conclure à l'indissolubilité du mariage chrétien et à la *nullité* de tout mariage contracté en dehors de l'Eglise il n'y avait qu'un pas; il fut vite franchi. Néanmoins, quel que soit le désir de domination dont l'Eglise soit dévorée, cette doctrine mit quatre siècles avant d'être à peu près admise! et malgré tant d'affirmations le doute et l'incertitude subsistèrent encore, à tel point que les Conciles de Lyon (1277), de Florence et de Trente jugèrent à propos d'y revenir et proclamèrent encore que le Mariage était un sacrement institué par Jésus-Christ.

Une fois en possession de ce droit, l'Eglise, naturellement, en tira les conséquences qu'elle visait. Comme pendant de longs siècles elle fut souveraine maîtresse, par la voix de ses

Conciles elle imposa ses dures lois à toute la société catholique. Trois principes dominent les autres dans la régle-
mentation qu'elle a faite du mariage : la nullité en dehors de
la bénédiction du prêtre; l'unité et l'indissolubilité dès que les
paroles sacramentelles ont été prononcées. Par la nullité
étaient déclarés bâtards et inaptes à succéder les enfants nés
de toute autre union que l'union catholique; par l'unité,
l'Église proscrivait non seulement la polygamie mais les
secondes noces qui étaient envisagées « comme polygamie
successive. » Il est vrai que, depuis, cette rigueur a été abandonnée; par l'indissolubilité, elle proscrivait les devoirs
autorisés par la loi romaine; de plus, elle créa une foule
d'empêchements de mariage dont quelques-uns seulement
peuvent être pris en considération, les autres n'étant que
prétexte pour soutirer de grosses redevances permettant de
passer outre, redevances qui étaient destinées à augmenter
le trésor papal déjà si formidable.

Il y a vingt sortes d'empêchements : quatorze dirimants et
six prohibitifs; les premiers sont : le défaut d'âge ou d'usage
de raison, l'impuissance, l'erreur sur la personne ou la condition, la violence et la crainte, le rapt, le lien d'un premier
mariage, le lien des ordres sacrés, la clandestinité, le crime,
la parenté, l'affinité ou parenté contractée avec les parents
du conjoint par le fait d'un mariage et certains cas dits d'hon-
nêteté publique. Les empêchements prohibitifs sont : la
différence de culte, le vœu de chasteté, le temps prohibé, les
fiançailles, le défaut du consentement des parents, le défaut
de publication de bans.

Tout cela passerait encore si le motif qui fit créer ces cas
d'empêchement était sincère et réel; mais il faut bien dire que
l'Église accorde des dispenses pour la plupart de ces empêchements. Il existe à Rome deux tribunaux : le Daterie et la
Pénitencerie qui se partagent les cas de dispense à accorder.
Les dispenses sont gratuites, en apparence, mais il faut ac-
quitter des droits de chancellerie qui varient suivant les cas !

L'Église s'est donc immiscée dans le mariage et elle en a
tiré de gros profits pécuniers d'abord, moraux ensuite; elle
s'est emparée de l'homme et lui a dit : tu ne prendras la
compagne de ton choix que s'il me plaît ou alors tu paieras
pour avoir le droit d'en faire ta femme. Dès le commencement
du IIe siècle, les fidèles ne se mariaient qu'après avoir informé
leur évêque. Une fois unis, si on s'est trompé, s'il y a eu
erreur d'un côté ou de l'autre, s'il y a inconduite ou même
crime, vous restez indissolublement unis pour la vie, votre
malheur durera autant que vous-mêmes.

On ne peut rien rêver de plus barbare et de plus immoral ! Heureusement l'humanité s'est affranchie de ce joug stupide, mais il a fallu dix-huit siècles pour arriver à ce résultat et il n'y a que quelques années à peine que deux êtres unis légalement par le mariage ont le droit de reprendre chacun sa liberté d'action lorsqu'ils s'aperçoivent qu'ils ne peuvent vivre ensemble autrement que dans une inimitié constante et insupportable.

Nous allons enfin terminer cette revue des sacrements par l'extrême-onction.

L'Eglise catholique nous enseigne que ce sacrement tire son origine de ces paroles de l'épître de saint Jacques : « Quelqu'un d'entre vous est-il malade, qu'il fasse venir les prêtres de l'Eglise et qu'ils prient sur lui en lui faisant des onctions d'huile au nom du Seigneur ; la prière jointe à la foi sauvera le malade, le Seigneur le soulagera et s'il a des péchés, ils lui seront remis ; confessez donc vos péchés les uns aux autres ». S'appuyant sur ce témoignage, les Théologiens catholiques en ont conclu et enseigné qu'il y avait lieu de croire que le sacrement de l'Extrême-Onction avait été institué pas Jésus-Christ lui-même, parce que les apôtres n'ont rien fait que par ses ordres ou par l'inspiration de son Esprit. Avec un tel raisonnement, on peut aller loin. Nous pourrions demander également aux théologiens si les apôtres étaient aussi bien inspirés de l'Esprit de Jésus-Christ lorsqu'ils commettaient les grossières contradictions que nous avons relevées dans un chapitre précédent ?

Quoiqu'il en soit il paraît que les paroles de saint Jacques n'eurent pas le pouvoir de convaincre tout le monde, car les protestants qui se piquent pourtant de s'en tenir strictement à l'Ecriture sainte rejettent absolument le sacrement de l'Extrême-Onction. A l'appui de leur opinion, ils soutiennent que dans le style du nouveau Testament, remettre les péchés ne signifie souvent rien autre chose que guérir une maladie et que c'est dans ce sens que Jésus-Christ dit au paralytique « ayez confiance mon fils, vos péchés vous sont remis — (Mathieu, c. ix, v. 2.) — Mosheim prétend que saint Jacques ordonnait aux malades de confesser leurs péchés parce qu'on était persuadé que la plupart des maladies étaient une punition de ces péchés et il fait observer que cet apôtre attribue la guérison du malade à la prière faite avec foi et non à l'onction administrée, d'où il conclut que l'on a tort d'accorder à cette cérémonie une vertu sanctifiante.

Les catholiques maintiennent l'authenticité de l'épître de saint Jacques et d'ailleurs, disent-ils, quand bien même l'épitre n'émanerait pas de saint Jacques, il faut reconnaître qu'elle a pour auteur un disciple des apôtres et un écrivain du premier siècle et il serait toujours prouvé par ce document incontestable, indépendamment des autres preuves, que la doctrine et la pratique de l'Eglise sur ce point remontait à l'origine du christianisme et reposait par conséquent sur la tradition apostolique.

En somme, toutes ces querelles nous indiffèrent absolument; si nous les mentionnons, c'est afin de bien faire comprendre au lecteur sur quelles futilités reposent toutes ces croyances qui bouleversèrent le monde pendant des siècles. Ces textes sacrés qu'on dit si lumineux, si splendides, ne le sont qu'à la condition de les lire sans vouloir les comprendre ou les analyser. Dès que l'on essaie d'en tirer un fait précis, on tombe dans la contradiction.

Deux lecteurs de bonne foi, consultés séparément, donneront chacun une interprétation différente, et cela faisant, chacun d'eux sera persuadé qu'il a donné la seule et bonne manière de comprendre et d'interpréter les Écritures.

De tous ces faits, que conclure ? sinon que ces textes qui sont en somme la base de toute la religion et la source où a été puisée la doctrine tout entière, ne sont que des divagations d'esprits plus ou moins en délire ; des faits d'une entière simplicité, mais rapportés par des visionnaires dans un langage mystérieux ou allégorique qui leur donne une allure extra terrestre. C'est cette allure qui frappe et émeut les esprits simples, par ce fait seul qu'ils n'y comprennent rien.

Alors, intervient le prêtre chargé d'expliquer et de commenter les textes. Ses explications seront d'autant plus abondantes que les faits sont embrouillés ; on leur fera dire, à ces textes, tout ce qu'on voudra, quitte à se voir démenti par une Eglise voisine qui n'ose pas interpréter dans le même sens. Tout cela est puéril. Si les Écritures pouvaient représenter la parole divine, il est bien évident que nous n'assisterions pas à ce ridicule spectacle de théologiens qui, penchés sur un livre qu'ils LISENT couramment, ne peuvent arriver à s'entendre entre eux pour *l'interpréter*. Laissons donc ces illustres savants à leurs recherches. Juifs, Catholiques, Protestants, disputez-vous, contredisez-vous sur l'interprétation de vos Écritures. Vous ne voulez pas y voir clair, cela est votre affaire, mais ne venez pas nous dire que c'est l'inspiration d'un Dieu que vous nous transmettez, car vos paroles seraient une insulte à la Divinité.

A notre humble avis, si la parole Divine avait pu jamais

arriver jusqu'à nous, cette parole eut été belle et limpide comme l'Œuvre divine elle-même, mais Dieu n'a jamais parlé à l'homme au sens qu'on veut donner à ce mot. Son œuvre parle pour lui, et ce n'est pas la Bible ni l'Evangile qui me feront admirer la nature et l'univers. Le chant d'un petit oiseau, la contemplation d'une belle nuit étoilée me convaincront bien autrement que l'histoire d'Adam et d'Eve. Voilà le véritable livre sacré, mais ce n'est pas ce galimatias de faits incohérents et surnaturels, bons tout au plus à frapper l'imagination de jeunes écoliers.

CHAPITRE XVII

Conclusion

Nous avons terminé l'examen des sacrements, base fondamentale de la religion catholique, telle que nous la voyons de nos jours. Précédemment, nous avions étudié ses origines. Pour le lecteur qui a bien voulu nous suivre, il doit ressortir nettement deux choses principales :

C'est, d'abord, que le christianisme, pas plus que le judaïsme, du reste, n'a eu une origine directe. Ces deux religions qui paraissent si différentes pour l'examinateur superficiel, nous apparaissent maintenant comme de simples plagiats d'une religion qui leur est de beaucoup antérieure : nous avons nommé la religion des Perses.

Il est bien évident que non seulement dans ses grandes lignes, mais jusque dans ses moindres détails, on retrouve dans le christianisme toutes les pratiques du culte de Mithra. Il doit suffire des traits que nous avons rassemblés pour montrer qu'il n'y a rien dans la secte des chrétiens qui soit véritablement sa propriété et que ce culte a absolument le caractère de toutes les religions orientales et particulièrement de celle des Perses à laquelle nous le rapportons comme à sa source.

En expliquant les caractères ou le génie original des religions des grands peuples de l'Asie et de l'Afrique, des Egyptiens, des Phéniciens, des Arabes, des Phrygiens, des Perses, etc., nous avons tenu à bien montrer que c'est du sein de ces peuples qu'est sortie la religion du Christ, dont le berceau fut en Orient et presque au centre des nations que nous venons de nommer.

La grande divinité de ces peuples était le Soleil, adoré sous différents noms: Osiris en Égypte, Bacchus en Arabie, Adonis en Phénicie, Atys en Phrygie, Mithra en Perse, etc. Dans toutes ces religions, le Dieu Soleil était personnifié. On faisait son histoire ou sa légende et le héros terminait toujours sa vie mortelle par quelque tragique aventure pour ressusciter ensuite et triompher de ses ennemis. Fait digne de remarque, ce triomphe était fixé dans toutes ces religions au moment où l'astre qui féconde la nature, rend au jour son empire sur les longues nuits de l'hiver et sur le serpent qui, tous les ans, en automne, le ramène.

Malgré la différence des légendes, nous voyons que toutes se réunissent en un point, c'est qu'avant de chanter le triomphe du Dieu, on célèbre ses obsèques, on lui élève un tombeau, on l'arrose de larmes, et, après quelques jours d'un deuil feint, on célèbre de la manière la plus pompeuse son retour à la Vie et la victoire qu'il remporte sur les ténèbres du tombeau. Osiris a son tombeau où l'on dépose un simulacre qui le représente, Adonis en Phénicie a le sien, Bacchus en avait un aussi. En Crète, on voyait celui de Jupiter, comme on y voyait l'antre où il était né. Hercule avait son tombeau à Cadix et on y trouvait ses ossements. Mithra avait aussi le sien. Tous ces tombeaux étaient factices, toutes ces légendes, tous ces chants de deuil et de joie, quoique créés au nom d'un homme et d'un héros, ne sont pourtant que des fictions mystiques. Pourtant toutes ces fictions ont existé; elles ont été créées en l'honneur du Soleil. Ces légendes ont pendant de longs siècles régi la croyance de milliers d'êtres humains. Il y eut des temples fastueux, des prêtres, des docteurs de ces religions qui nous ont transmis ces mystères et ces légendes et qui tous s'accordent à nous dire que le héros pleuré et chanté n'est autre que le Soleil, mais que, pour le peuple ignorant et crédule, on enseignait qu'il s'agissait d'un homme ayant réellement vécu et régné sur la terre.

Or, dans les mêmes siècles à peu près où ces religions et ces fables passèrent en Occident à la faveur des conquêtes de Rome, nous voyons sortir du même pays une secte qui réunit presque tous les caractères des autres et dont le héros naît, non seulement le même jour que le Soleil, que Mithra, Orus, etc., triomphe le même jour, mais encore meurt, est ressuscité comme eux et remporte son triomphe sous les mêmes formes astronomiques et dans le même signe céleste que ce Soleil.

Alors, c'est parce qu'il y a une légende qui en fait un homme et des naïfs qui le croient. Mais les Égyptiens croyaient à la légende d'Osiris enfermé dans un coffre par son frère Typhon, mort ensuite et ressuscité; mais les Phéniciens croyaient à la mort d'Adonis tué par un sanglier, ensuite descendu aux enfers, puis ressuscité. Tout bon chrétien traitera d'absurde et d'invraisemblable ces fables ! mais parlez-lui de l'enfantement de la Vierge dans un antre, du tombeau dans lequel on déposa le Christ et d'où il sortit vivant et glorieux ! Ah ! voilà qui est vrai et merveilleux !.... Pourtant qui ne voit que toutes ces légendes ont une origine commune ! Ces fictions mystiques, devons-nous dire, étaient universellement reçues dans tout l'Orient ; c'est de l'Orient qu'est venue cette religion qui a la même physionomie que les autres.

C'est dans le temps même où les Isiaques, les Mithriaques et les mystères de Cybèle et d'Atys faisaient le plus de bruit à Rome, et en étaient souvent chassés qu'y a paru avec quelque éclat la secte de Christ, adoptée d'abord par quelques gens obscurs, chassée ensuite comme les autres, et persécutée plus qu'elles, comme plus intolérante ; elle est du même pays, du même temps, elle a les mêmes formes ; donc il est plus que vraisemblable que c'est la même chose. Le plus ou moins de fortune que les circonstances peuvent donner à une opinion philosophique ou a une secte théologique n'en change pas la nature, c'est elle-même que nous devons considérer, approfondir, analyser. Peu nous importe après tout, que des peuples crédules aient pris ces fictions à la lettre et que, ne pouvant pas deviner le sens de ces figures mystiques, ils se soient obstinés à révérer son écorce bizarre et monstrueuse et s'en soient contentés.

Il paraît cependant que, dans les premiers siècles, ses rapports avec la religion du Soleil n'avaient point échappé aux païens. C'est ce que nous voyons par Tertullien qui convient qu'on les regardait comme une secte d'adorateurs du Soleil. Ce qu'il y avait de plus savant entre eux, les Gnostiques et les Basilidiens s'étaient écartés moins qu'aucun autre de ces formes solaires et la religion chrétienne entre leurs mains conserva beaucoup de traces des initiations anciennes. Les Gnostiques donnaient à leur Christ le nom d'Iao, nom que l'oracle de Claros, dans Macrobe, donne au Soleil et que les Phéniciens donnaient à la Lumière. Ils avaient leurs 360 Æons calqués sur les 360 degrés du Zodiaque que parcourt le Soleil. Ils avaient aussi leurs Abraxas, nom factice composé de sept lettres numériques qui exprimaient la durée de l'année qu'engendre Iao, Christ ou le Soleil dans sa révolution.

C'est là sans doute l'origine de cette opinion que le règne du Christ devait durer 365 ans. Ils admettaient aussi 365 dieux. Il en est de même de la secte des Ophites qui représentaient leur dieu par la figure du Serpent.

Les Manichéens, dans leurs prières, se tournaient le jour du côté où était le Soleil, et la nuit du côté où était la Lune, et quand la Lune ne paraissait pas, ils tournaient le visage vers l'endroit du ciel où le Soleil devait se lever.

Il y a encore en Orient une ou deux sectes chrétiennes qui passent pour adorer le Soleil. Elles habitent dans les montagnes d'Arménie et de Syrie. La première est celle des Jézidéens, mot dérivé de celui de Jésus ; la deuxième appelée Shemsi, c'est-à-dire solaires, nom qui sans doute leur a été donné à cause des honneurs qu'ils rendent à cet astre. Enfin les traits de conformité qu'il y avait entre diverses sectes du christianisme et la religion du Soleil est si frappante, que l'empereur Adrien les appelle des adorateurs de Sérapis, et leurs évêques, des ministres du culte de Sérapis, dans le temple duquel on trouva effectivement des croix. Or Sérapis était le Dieu Soleil adoré en Égypte, sous la forme symbolique du Serpent auquel Christ lui-même se compare. On lit sur des médailles anciennes : Hélios Sérapis. L'hymne de Martianes Capella le confond avec les autres noms du Soleil : *Te Serapius, Nilus,* etc.

Beaucoup d'autres pratiques décélaient l'origine du christianisme. C'est ainsi que les premiers chrétiens ne priaient jamais qu'en se tournant vers l'Orient ou vers le lieu d'où sort le Soleil. Tous leurs temples ou lieux d'assemblées étaient orientés vers le soleil levant; les assemblées sacrées ont été fixées au jour du Soleil, qu'ils appellent jour du Seigneur ou le dimanche. Tout cela n'a pas été établi sans raison et ne peut être le fait d'un simple hasard, ces pratiques tenaient à la nature même de la religion.

Il est bien évident que le christianisme tel que nous le voyons de nos jours ne ressemble en rien au culte des premiers siècles. Malgré l'apparence d'immuabilité que voudrait se donner l'Église, elle a subi des transformations radicales et en subit même continuellement. Du culte primitif, il ne reste pour ainsi dire rien. A la simplicité originelle sont venues s'ajouter toutes les complications imaginées par les Conciles ou les Papes dans un but de lucre et de domination. La religion naturelle et directe dans les rapports, dans les invocations entre la Divinité et le croyant n'est plus qu'un mythe, le fidèle ne peut plus rien sans le concours du prêtre et ce concours doit toujours être rétribué directement ou indirectement. L'examen rapide que nous avons fait des sacrements, base du catholicisme actuel, nous a amplement démontré que toutes ces théories, tout ce décorum théâtral sont sortis de l'imagination des prêtres, agissant soi-disant comme mandataires du Christ et interprétant les textes suivant les besoins de leur cause, mais toujours dans leur propre intérêt.

Tout cela est de création purement humaine, mais d'une création si récente qu'on ne peut lui donner une origine extra naturelle. On se contente de dire que ceux qui décrétèrent ces théories étaient *inspirés* de l'Esprit divin.

Encore un mot et nous aurons terminé. Le but de cet ouvrage était de démontrer que le christianisme n'était qu'une copie de religions antérieures et tout particulièrement de celles ayant pour base le culte du Soleil. Résumons-nous : Nous avons vu au début que les premiers chapitres de la *Genèse*, base de toute la religion des chrétiens, n'étaient qu'une pure allégorie ; que le mal qu'elle supposait introduit par le Serpent n'était que l'hiver, son froid, ses ténèbres ; qu'un pareil mal ne pouvait être réparé que par le *Soleil;* que le réparateur devait donc naître et triompher aux mêmes époques que naît et triomphe le Soleil et subir les mêmes aventures qu'éprouvait le Soleil dans les fictions sacrées de toutes les religions solaires. Or, en examinant le trait caractéristique du Christ et sa forme symbolique et en réunissant les traditions, nous voyons qu'effectivement il a tous les caractères que devait avoir le réparateur allégorique d'un mal physique, produit par l'animal symbolique.

Donc le Christ, soit dans sa nativité, soit dans a mort et sa résurrection, n'a rien qui le différencie du Soleil ; ou plutôt ce n'est que par le Soleil qu'on peut expliquer les traditions extravagantes qu'on nous a transmises sur lui. Qui oserait dire que le hasard seul a pu produire une telle coïncidence de faits ? Le Soleil doit être le réparateur des maux physiques de la nature. Le Christ, d'après les Évangiles, vient réparer les maux dont souffre l'humanité, il est nommé le Réparateur, le Sauveur en toutes lettres.

Le Soleil-Réparateur naît au 25 décembre ; le Christ-Réparateur naît au 25 décembre.

Le Soleil-Réparateur reste dans les signes inférieurs jusqu'au moment de son apogée, c'est-à-dire jusqu'à son passage à l'équinoxe et à son entrée dans le signe céleste du Bélier ou de l'Agneau céleste, auquel il emprunte son nom.

Le Christ-Réparateur triomphe à l'équinoxe du printemps (à Pâques) et les Écritures lui donnent le nom d'Agneau de Dieu. Si de ce Dieu céleste on en fait un homme comme ont fait les légendes des Égyptiens, des Perses, etc., il est évident que pour expliquer les résurrections, il faut d'abord imaginer la légende de la mort. Dès lors, qui ne voit l'enchaînement des faits, les événements miraculeux de la vie, etc. ?

Ainsi, il reste bien établi que notre héros a tous les caractères de la divinité du Soleil. Or si sa naissance, sa vie, sa mort et sa résurrection ressemblent si fidèlement à la légende imaginée pour le Soleil, c'est évidemment que Christ et Soleil ne désignent qu'un seul et même personnage. Or comme la légende du Soleil est de beaucoup antérieure à celle du Christ, il faut forcément que celle-ci ait été calquée sur celle-là. Donc Christ est bien le Soleil !

J'ai fini. Le but de cet ouvrage, je l'ai dit en commençant, était de démasquer cette religion chrétienne qui, destinée à propager l'amour du prochain, la fraternité des hommes, a fait verser tant de larmes et de sang. Je lui ai arraché son manteau d'hypocrisie et je l'ai montrée telle qu'elle était. C'est pour une fable mythologique empruntée à de vieilles légendes astrologiques que les hommes se sont entredéchirés pendant des siècles. Il est vrai que pendant ce temps l'Église toute puissante a entretenu l'humanité dans une profonde ignorance, faisant trembler rois et empereurs sous sa formidable puissance, mais aujourd'hui les temps sont changés.

Grâce au sublime effort de la Révolution, grâce à la philosophie du XVIIIe siècle, les peuples ont secoué le joug formidable qui les étreignait, le règne de l'Église est à jamais fini, et dans quelques siècles, lorsque l'instruction véritablement répandue aura jeté ses lumières parmi les jeunes générations, on rira de ces fables, de ces récits de la Bible ou même des Évangiles, comme nous rions aujourd'hui des fables de la mythologie grecque ou romaine, des aventures de Jupiter et de Bacchus, ou du combat des Cyclopes ?

TABLE DES MATIÈRES

106

Imp. SILVAIN DENNERY, rue des Blancs-Manteaux, 40. — Paris

106

www.ingramcontent.com/pod-product-compliance
Lightning Source LLC
Chambersburg PA
CBHW072112090426
42739CB00012B/2934